# 如果能當一天古代人

穿越傳奇朝代，
從古人的日常生活
體驗輕鬆活潑的萌歷史！

小怪獸烏拉拉 著

Contents

# 目錄

## 第壹回

## 如果穿越回古代，你想從事什麼職業？



特別體驗篇

## 第貳回

## 穿越回古代，要如何賺錢糊口？

第叁回
秦朝
穿越指南

第肆回
唐朝
穿越指南

## 第伍回 宋朝穿越指南

## 第陸回 明朝穿越指南

## 第壹回

# 如果穿越回古代，你想從事什麼職業？

# 在清朝當皇帝是份好工作嗎？

**如果穿越到清朝，**
做皇帝要做什麼呢？
皇帝是權力的象徵，
最高的身分地位嗎？

當皇帝可是很辛苦的！

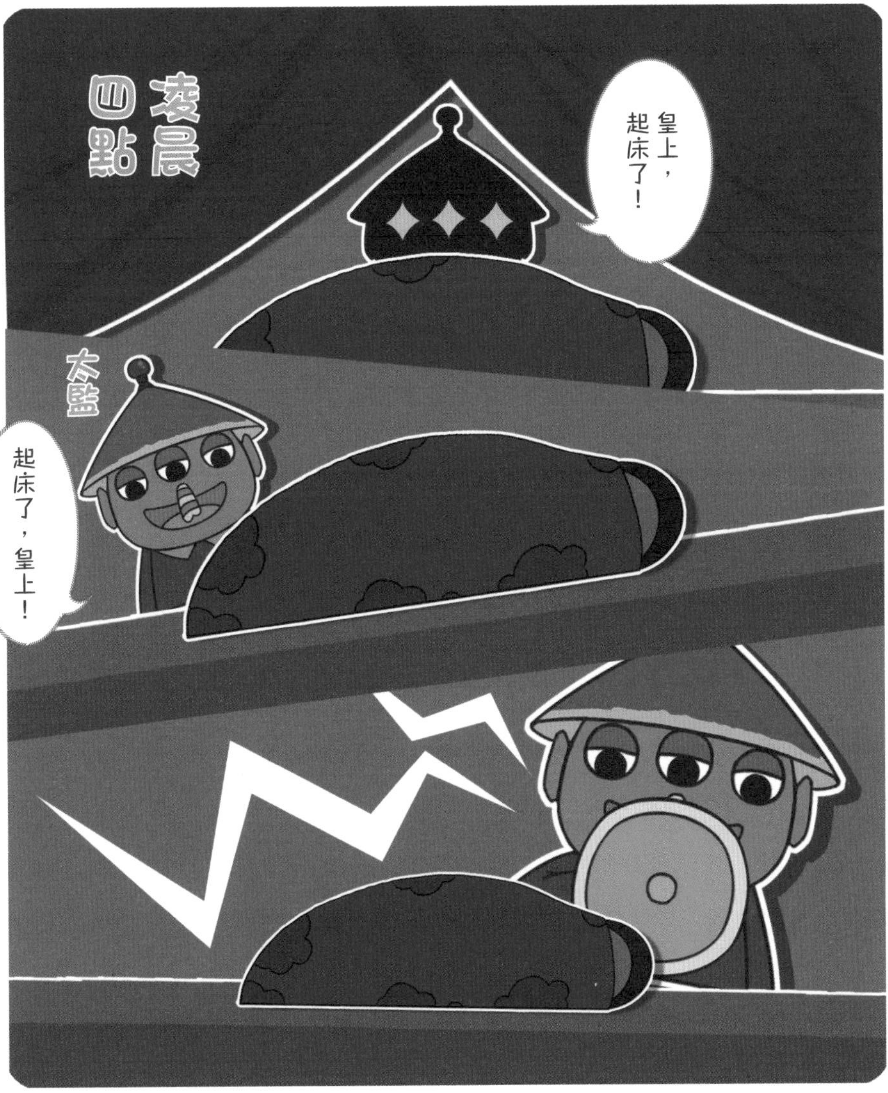
凌晨四點
皇上，起床了！
太監
起床了，皇上！

皇宮震動
起床了！皇上！

快宣太醫！皇上不行了！
喊到破音——

淚流滿面
我只是想賴個床……。
大臣
嬪妃

當皇帝很危險的！
咻
咻
咻

皇帝用膳中

註釋

① 原本是西南方言裡「吃飯」的意思，也帶著「一口乾了（一口氣吃完、喝完）」的豪爽感。

昏君受死吧！
寂靜無聲
太監口吐白沫倒下了
「為了防止被有心人下毒，對於菜色的喜惡不可以被人知道。再怎麼喜歡吃的菜，也不能超過三口！」

當皇帝很沒人權啊！
那個……我想娶老婆……。
不行，換一個！
我老婆過生日，我想買禮物……。
不批！沒錢！
那個……我想去外面逛逛。
不准！太危險了！

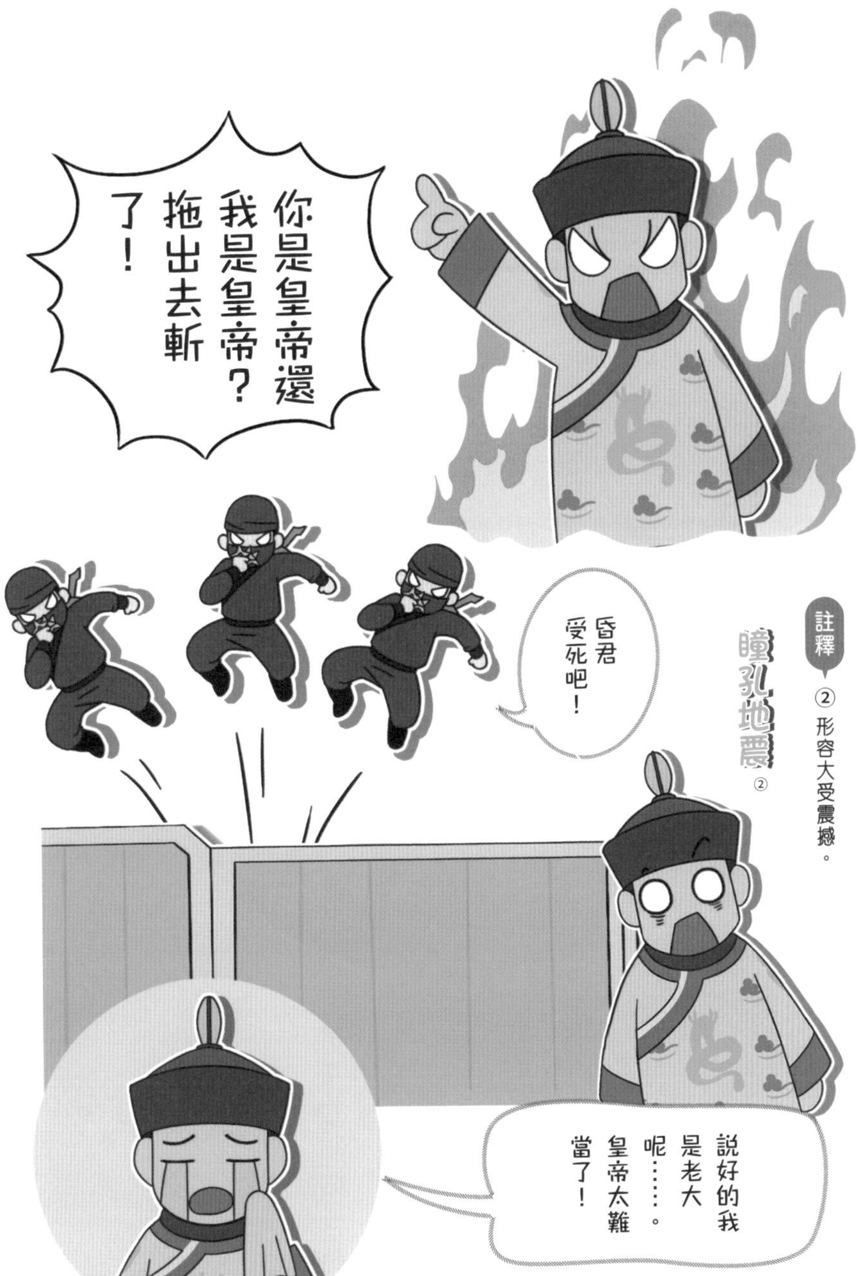
你是皇帝還我是皇帝？拖出去斬了！
昏君受死吧！
瞳孔地震②
說好的我是老大呢……。皇帝太難當了！

註釋
② 形容大受震撼。

# 在古代當皇后是份好工作嗎？

**如果穿越回古代，**
當皇后要做什麼呢？
皇后是博愛的象徵、
國母的身分嗎？

皇后·心裡苦啊！

說起來，皇后表面上雖是後宮的老大，實際上卻只是競爭對手任務清單裡待打的BOSS③。

皇后
武昭儀
萬貴妃
熹貴妃
VS
達成擊敗皇后成就
HP
KO
HP
說到底，皇后單純就是工具人啊！

**註釋**

③ BOSS、VS、KO、HP均為遊戲中常見用語，分別意指頭目、對決、擊倒、血量。

我貴為皇后，可是為何受傷的都是我？
看著老公勾三搭四，卻不能生氣。
皇后
妒婦
不然一頂善妒的帽子就壓上來了。
喔呵呵呵，我勸過皇上要雨露均霑，但皇上就是不聽，我也沒輒呀。
寵妃

忍耐，我的名字是「不生氣」……。
皇上派人送來好多東西呢，都快放不下了～
忍耐，我的名字是「不生氣」……。
嘰哩咕嚕……。巴拉巴拉……。
忍……忍不住啦！

啪！

為什麼打我?!
打你就打你了，還用挑日子嗎？

皇后一時宣洩情緒，不料寵妃轉頭就去告御狀。

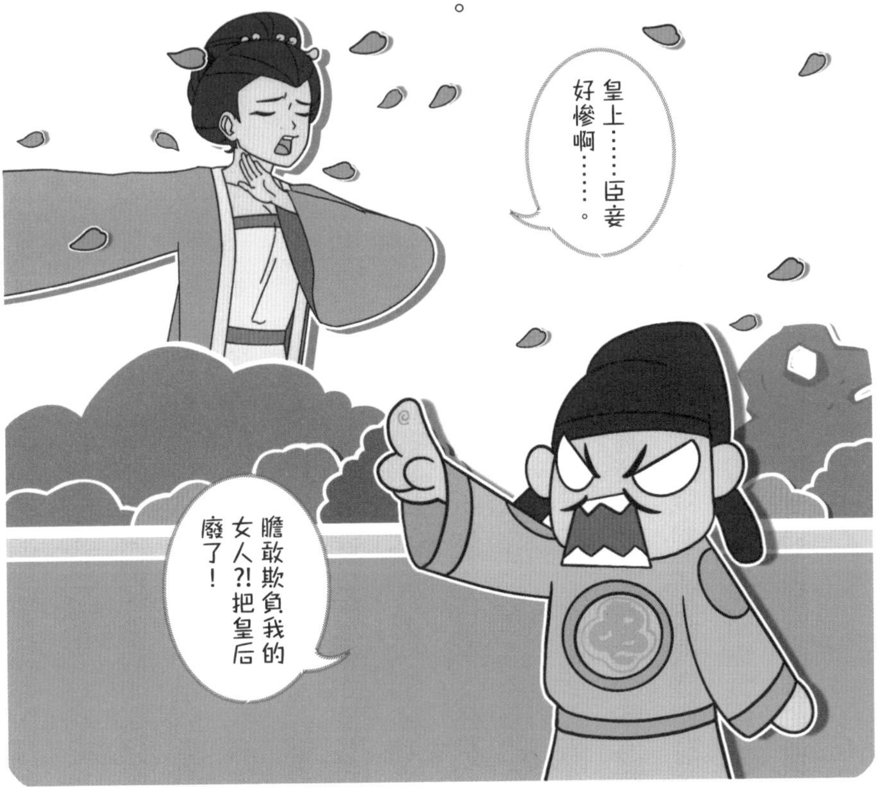
皇上……臣妾好慘啊……。
膽敢欺負我的女人?!把皇后廢了！

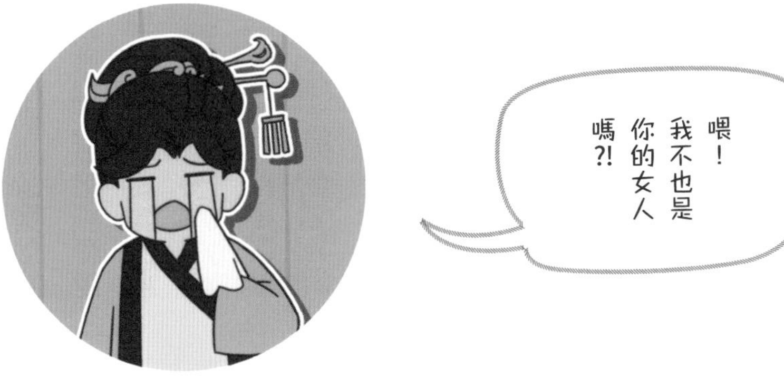
喂！我不也是你的女人嗎?!

# 在古代當寵妃是份好工作嗎？

**如果穿越回古代，**
做寵妃要做什麼呢？
寵妃是偏愛的象徵，
榮寵的身分嗎？

寵妃·心裡苦啊！

魅力值
Max（最大值）
要美貌！
皇帝
要賢慧！
皇后

要能生！一胎九個最好！
皇太后

寵妃人生
臣妾做不到啊啊——

即使這麼努力了，還是會被辱罵狐媚惑主、紅顏禍水，恨不得殺你而後快。

商紂王
報——姬發殺過來了！
小兵

妲己卒

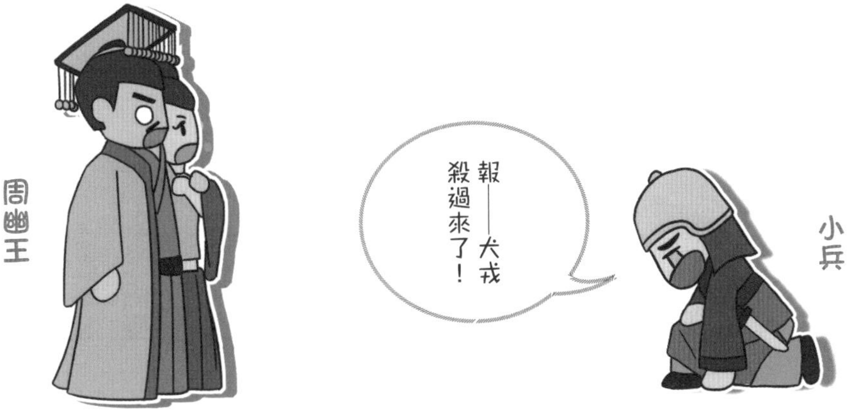
周幽王
報——犬戎殺過來了！
小兵

褒姒卒
楊玉環卒
報——安祿山殺過來了！
唐玄宗
小兵
寵妃專業背黑鍋三千年！即使在古代的一般朝代，寵妃頭上依舊有個總是看她不順眼的上司（皇后）壓著。
背鍋

啪！
為什麼打我?!
打你就打你了，還用挑日子嗎？
這日子要怎麼過下去呀！

# 在明朝當太監是份好工作嗎？

**如果穿越回明朝，**
做太監要做什麼呢？
掌印太監是武力的象徵、千歲的身分嗎？

人人都說太監是大反派，以為我們武功高強，還能一手遮天，天天躲在小黑屋裡密謀殺忠臣。

權傾朝野的太監能有幾人？

實際上，都是忠臣對我們喊打喊殺啊！

幾乎所有太監都只是來當高級服務生的呀！

明朝有一次公開招募太監，居然來了足足兩萬人應徵！

履歷
這求職人數也太嚴峻了吧！
千辛萬苦脫穎而出，入職前卻得先冒生命危險。
進宮後還被歧視。

天天被歧視，心理能不扭曲嗎?!
太監
我只想做個好人。
不！你不配！
忠臣們

太監代表：西廠廠花④
那就別怨我……。


註釋

④ 電影《龍門飛甲》裡的反派角色，為明憲宗最寵愛的萬貴妃親信，西廠廠公雨化田。

# 在明朝當駙馬是份好工作嗎？

**如果穿越回明朝，**
做駙馬要做什麼呢？
駙馬是美夢成真、榮耀門楣的身分嗎？

在明朝當駙馬是什麼樣的體驗？

你一定以為是升職加薪，迎娶白富美。

從此登上人生巔峰，想起來就興奮呢。

在明朝，當上駙馬形同前途夢碎。

別做夢啦！

不能入仕　　不能領兵　　不能參加科考

要是公主先掛掉，駙馬連公主府都住不了。

公主府
啊啊啊……無家可歸了，嗚嗚嗚……。

不僅如此，駙馬在家裡也低人一等。駙馬必須每天向公主行禮問安。

就連公主吃飯，駙馬都要「侍立於旁」。也就是公主坐著你站著，公主吃著你看著。

怎麼像是娶了個祖宗回家呢。嗚嗚嗚……。

更慘的是，要是你膽敢起二心，

等著你的不是離婚協議，

註釋

⑤一種舊時的刑具。使犯人坐於長凳上，兩腿平放，緊綁膝蓋關節於長凳，再於腳跟下墊磚瓦，使其腳部作反向的扭曲，腳跟墊得越高，則越痛苦，極為殘酷不人道。

而是老虎凳⑤、辣椒水，還有虎頭鍘！

所以，當你做了駙馬，場景一定是這樣。
父母震驚
兒子不孝，被公主選中，得當駙馬了……。

# 在古代當大俠是份好工作嗎？

**如果穿越回古代，**
做大俠要做什麼呢？
大俠是正義的化身、
又酷又炫的行業嗎？

喂，醒醒，這種大俠只存在小說裡啦！

這帥氣的身影只存在於你的江湖美夢裡。

背景音樂〈鐵血丹心〉⑥響起……。

**註釋**

⑥ 一九八〇年代港劇《射鵰英雄傳》主題曲。

真相是，所謂的大俠實際上只是在社會上遊手好閒的人。

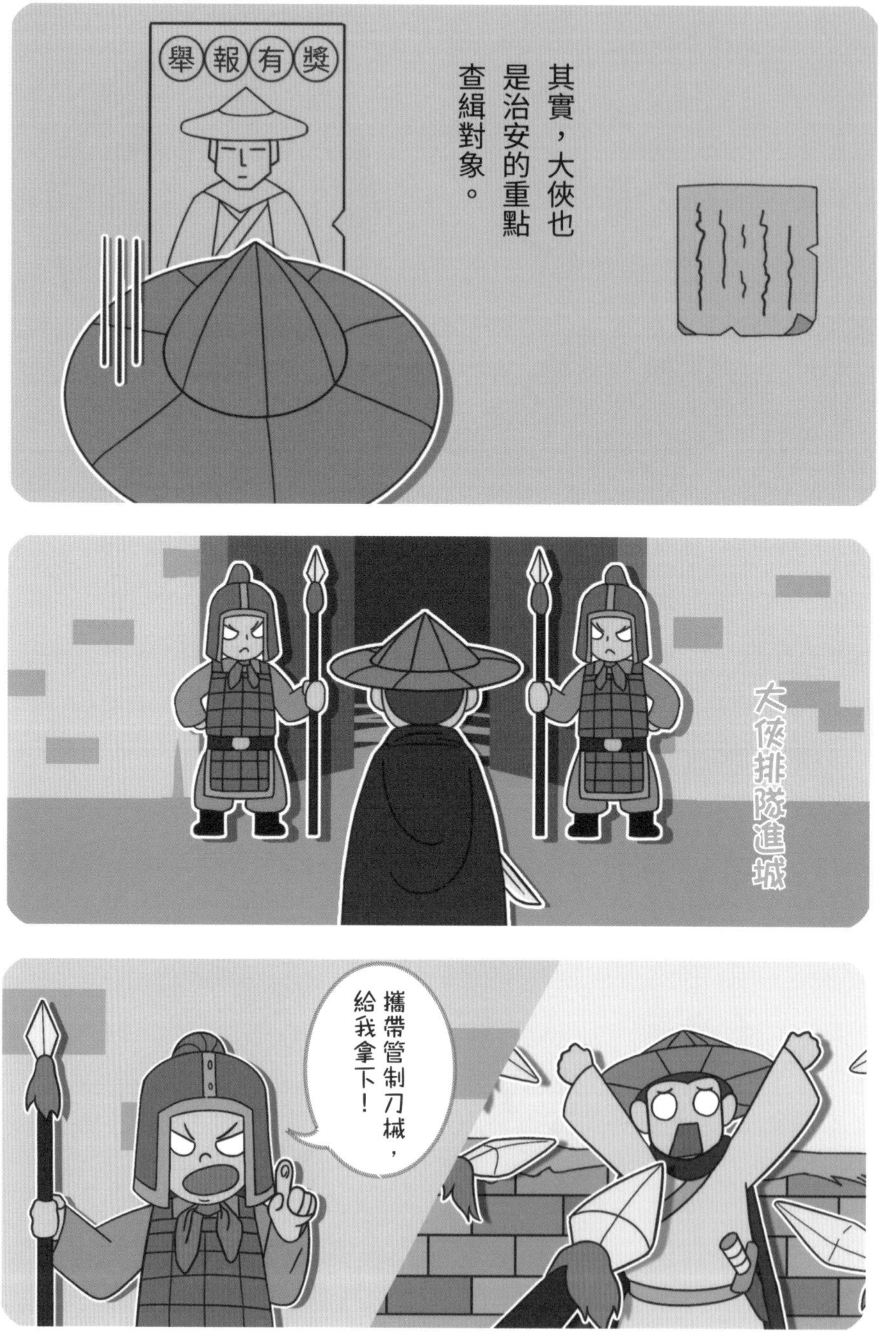
舉報有獎
其實，大俠也是治安的重點查緝對象。
大俠排隊進城
攜帶管制刀械，給我拿下！

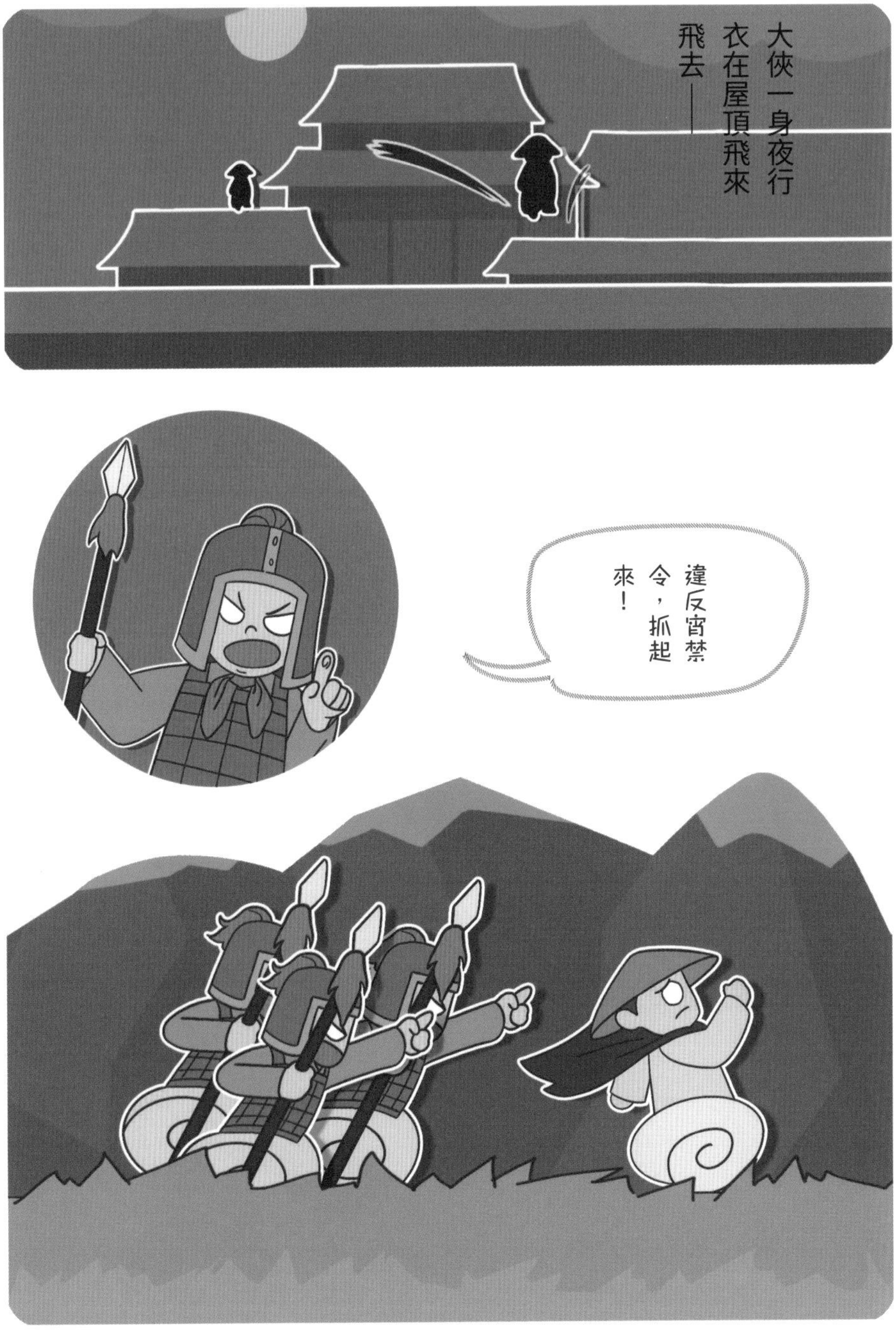
大俠一身夜行衣在屋頂飛來飛去——
違反宵禁令，抓起來！

並不是每一位大俠都身懷絕世武功。
九陰真經
葵花寶典
降龍十八掌

大俠身上背負的更多是懸賞和債務。

別追啦！饒了我吧！

# 在古代當縣令是份好工作嗎？

**如果穿越回古代，**
做縣令要做什麼呢？
縣令是公正的象徵、
人民的父母官嗎？

縣令，俗稱七品芝麻官。你是不是以為以下的場景就是縣令的日常？

升堂！
明鏡高懸
驚堂木
威武——
威武——

實際上，縣令的職責比你想像的要多更多！

縣令號稱百里侯，既是縣長，也是警政署長、司法院院長、財政局長、教育局長、農糧署長、地政局長……。

教育局長
財政局長
地政局長
縣長
地政局長
教育局長
農糧署長
司法院院長
警政署長

明鏡高懸
大人，不好啦，西街的寡婦要狀告東街的老漢！

縣令職責雖龐雜，所幸有一群祕書幫忙處理。

而且，自然少不了油水！

嘿嘿！

當然不是所有縣令都過得那麼富足。萬一不幸被分派到鳥不拉屎的偏鄉小鎮……。

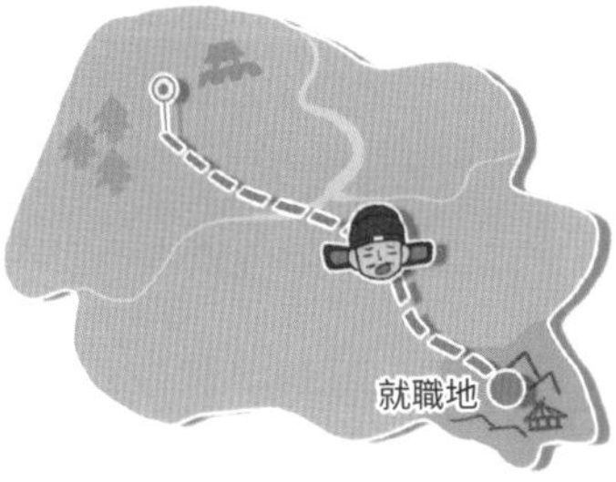

又越過幾條河

翻過了幾座山

本官自東土而來，欲往西天取經，喔不，是上任。

特別體驗篇

# 在明朝當王爺是份好工作嗎？

**如果穿越回明朝，**
做王爺要做什麼呢？
王爺是權與錢的象徵、富有的身分嗎？

在明朝當王爺是什麼樣的體驗？
這位王爺來自南北朝！
靖王（電視劇人物）
四爺
這位王爺來自清朝！
悲慘
大爺，行行好吧！
這王爺來自明朝……。

王府
齁齁
在明朝，生在王爺家就是當豬的命了。

做官？是不是想造反？
跪地求饒

經商？是不是想造反？

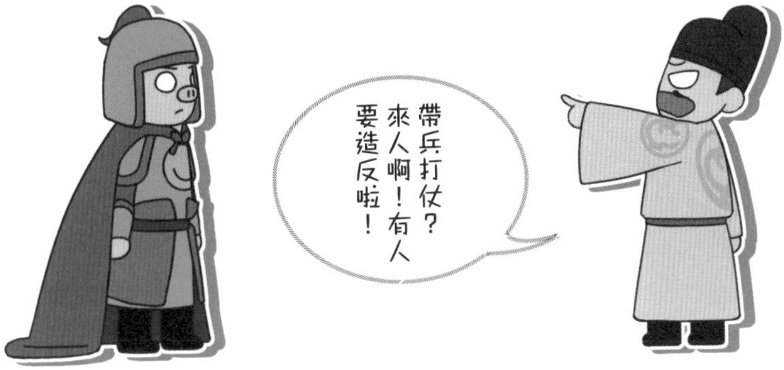
帶兵打仗？
來人啊！有人
要造反啦！

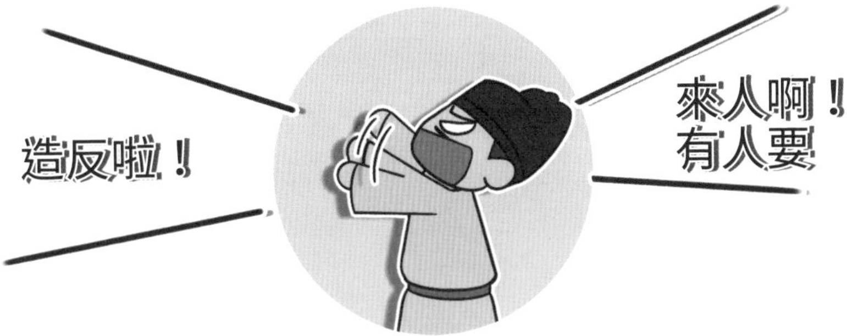
來人啊！
有人要
造反啦！

於是，王爺們走投無路，只能埋頭生孩子。

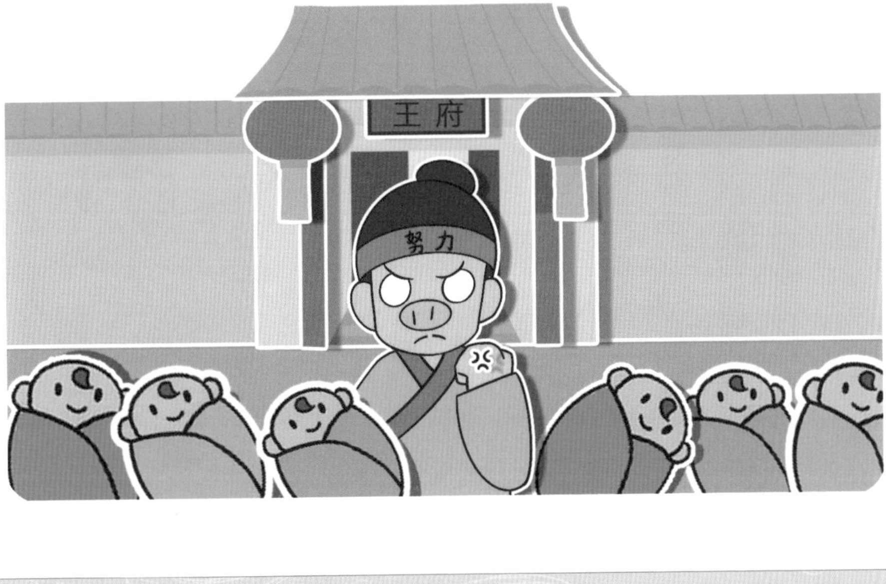
王府
努力

明朝宗室從明初僅五十多人，發展到明末，已經超過二十萬人。

這20萬＋頭「豬」只能每天眼巴巴等待朝廷發薪水。

可是，朝廷經常欠錢不發。

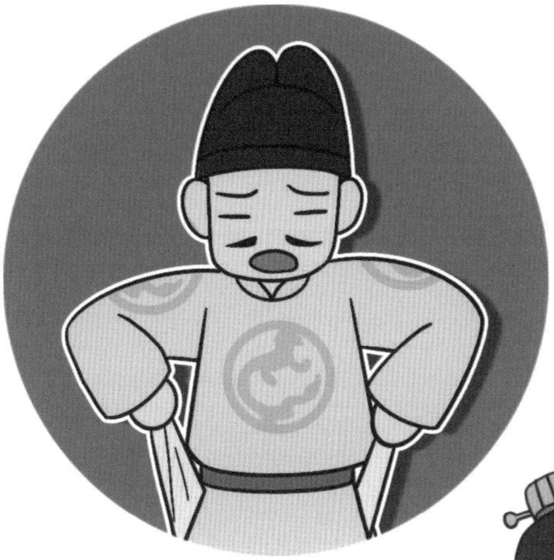

還曾經有宗室被活活餓死了。

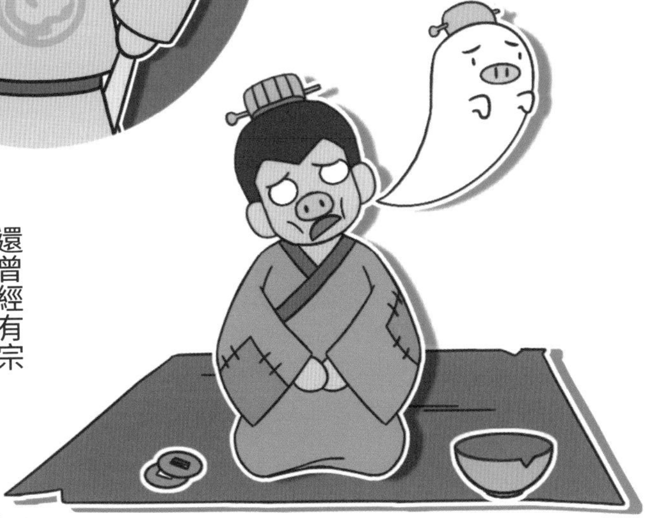

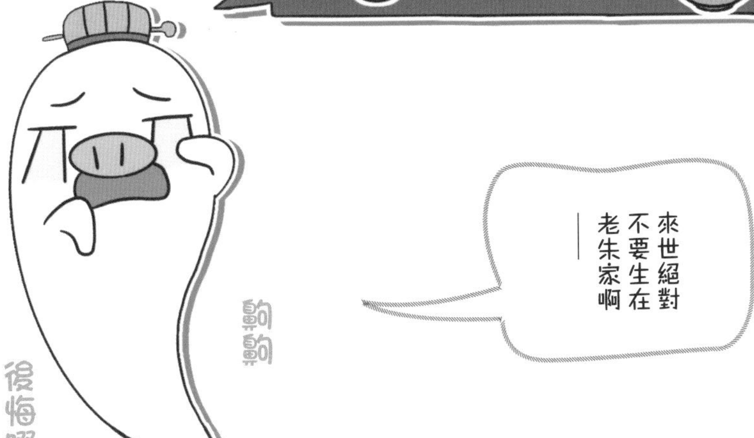
來世絕對不要生在老朱家啊—
齁齁
後悔啜泣

特別體驗篇

# 穿越成為乾隆是不是走上人生巔峰？

**如果穿越到清朝，**
成為乾隆有多快樂呢？
乾隆是下江南遊山玩水、萬人之上的九五之尊嗎？

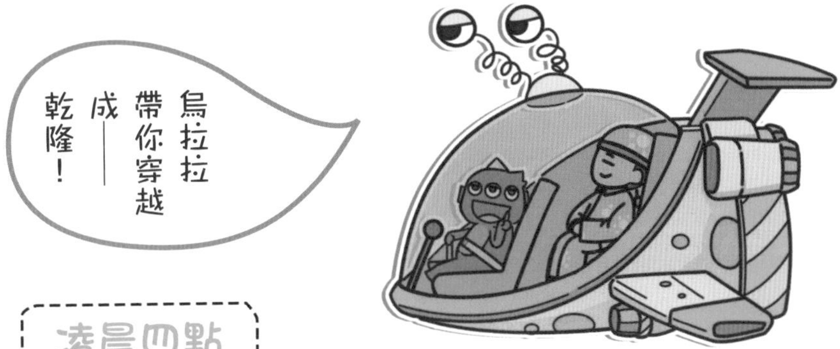
烏拉拉帶你穿越成——乾隆！

凌晨四點

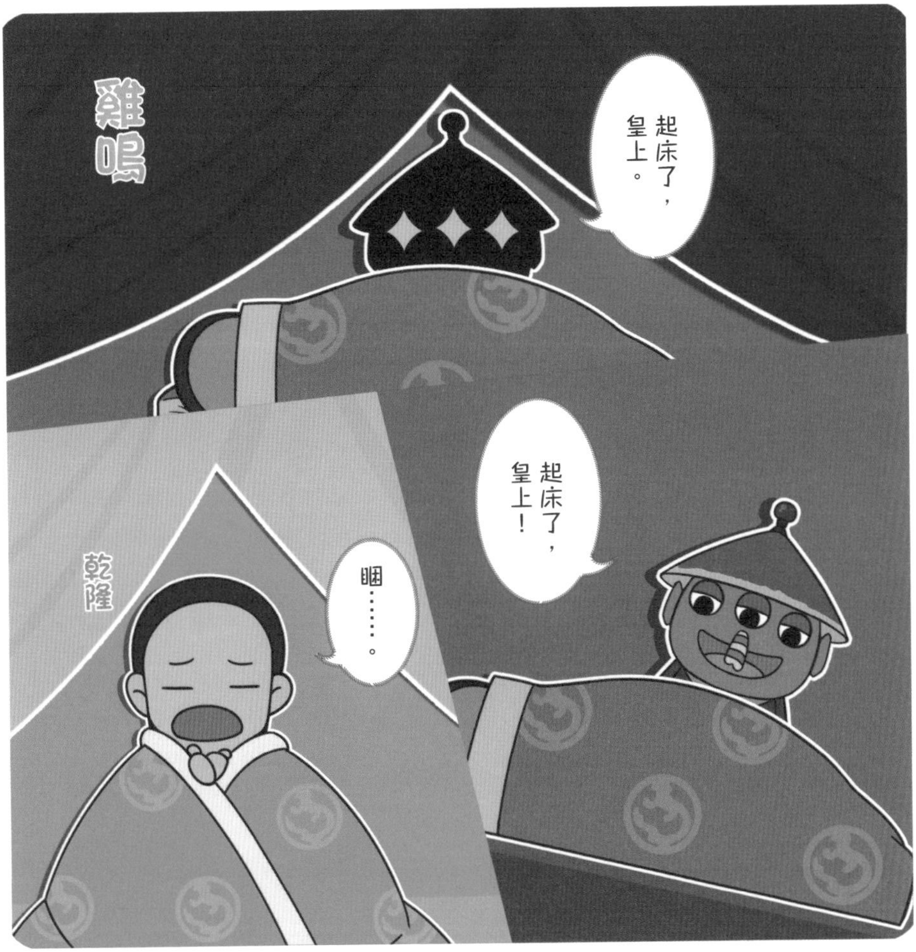
雞鳴
起床了，皇上。
起床了，皇上！
乾隆
睏……。

凌晨五點

早上六點

早上七點

早上十點

下午三點

晚上九點

皇上，該睡覺了。
嗚嗚……終於可以休息了。
體力不支
您還不能睡，晚上翻了皇后娘娘的牌子，娘娘等您過去呢。
皇帝太難當了……。

## 第貳回

# 如果穿越回古代，要如何賺錢糊口？

# 古代的一兩銀子到底值多少錢？

**在古代，**
拿出一兩銀子是豪爽
還是小氣？

古代的一兩銀子到底值多少錢？
大俠
小二，結帳！
客倌，一共三兩銀子。
小二
大俠豪擲一錠銀子
不用找了！

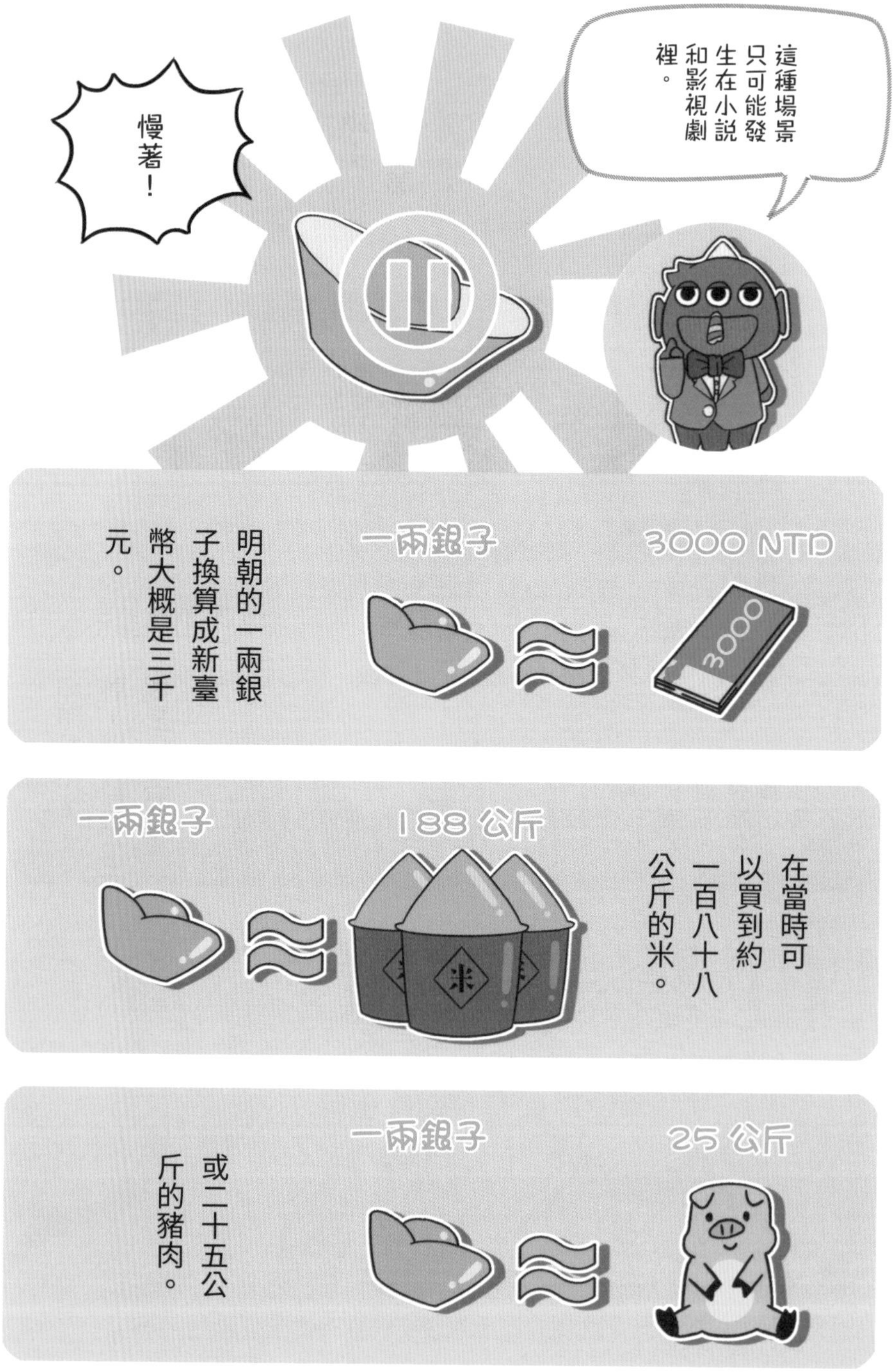
這種場景只可能發生在小說和影視劇裡。
慢著！
明朝的一兩銀子換算成新臺幣大概是三千元。
一兩銀子
3000 NTD
3000
在當時可以買到約一百八十八公斤的米。
一兩銀子
188 公斤
米
或二十五公斤的豬肉。
一兩銀子
25 公斤

明朝縣令一年的俸祿才四十五兩銀子。

老百姓大多使用銅錢。

散碎銀子都稱得上鉅款了！

所以，實際情況應該是這樣的……。
重來！
小二，結帳！
客倌，一共三兩銀子。

我要砸了你們這家黑店！
這麼貴，你們乾脆去搶算了！

湊個整數，給你一百文錢好了。
大俠饒命，其實是一百九十文錢。

小二風中瑟縮

# 穿越後如何賺錢？

**穿越回古代一窮二白，**
到底要怎麼賺錢？
在古代沒錢寸步難行，
快來賺第一桶金！

轟隆一聲，你穿越回唐朝。

掏掏自己空空如也的口袋，要想活下來，還是先思考怎麼賺錢，趕緊解決溫飽問題吧！

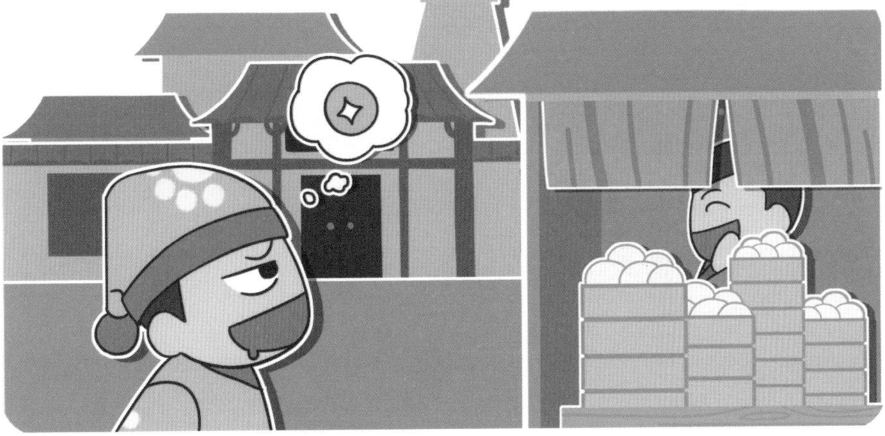

古代常見的行業中，最賺錢的職業就是鹽商。

鹽是維持生命的必需品。

鹽也可以用來醃製食物，減緩食物腐敗變質。

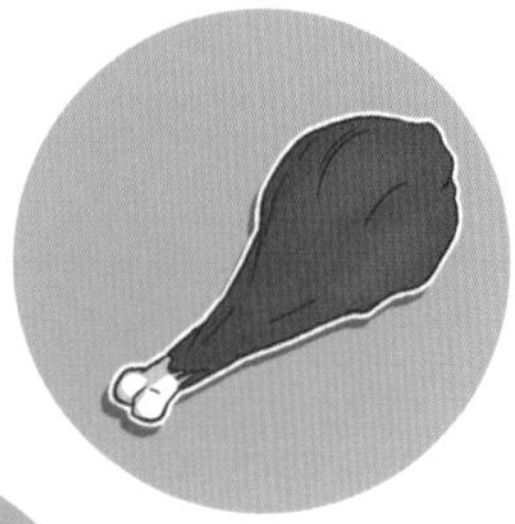

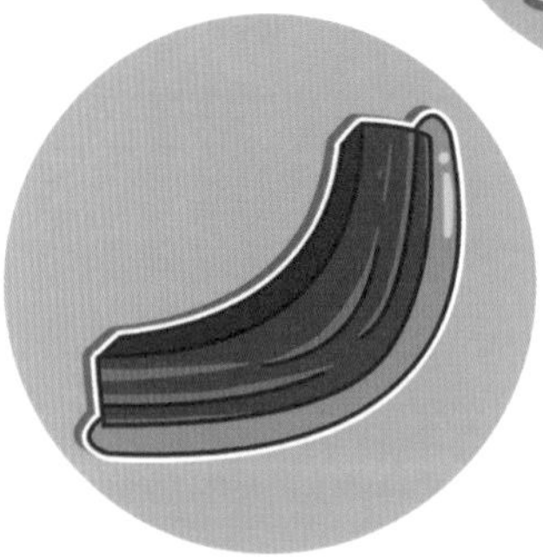

鹽在古代的戰略地位類似今天的石油。

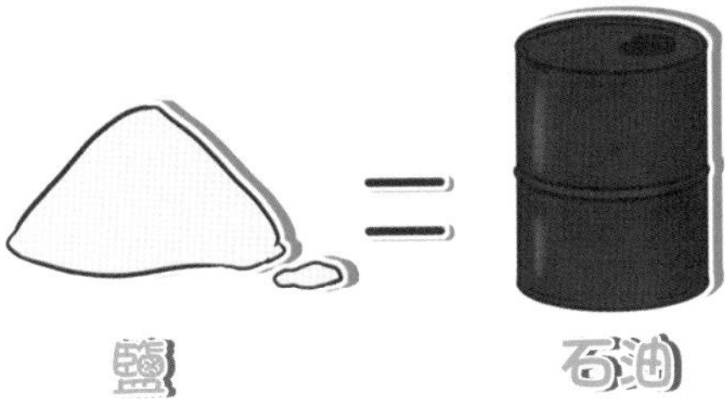
鹽
＝
石油

販鹽的利潤高達二〇〇〇%！

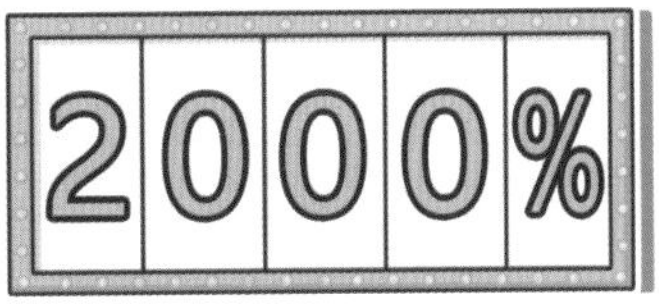
2000%

我決定擺攤賣鹽！想必很快就富可敵國了！哈哈哈哈！

你先等等！

在唐朝後期，販賣私鹽是等同於謀反的重罪。

大唐 TV
我錯了。
鹽
鹽
鹽
一名戴奇怪帽子的男子因非法販鹽遭到逮捕

抓到可是要砍頭的！

那我寫詩好了，當個才子，不也能日進斗金嗎？嘿嘿……。

你書法寫得好嗎？
不然就去算命，預測國家大事，當個幕僚！
這樣容易被視為妖言惑眾斬頭喔。
這也不行，那我就只能……。
大爺，行行好吧！我已經三天沒吃飯了——
痛哭流涕

# 第叁回

# 秦朝穿越指南

# 秦朝避險指南

**穿越回秦朝，**
你應該要注意的事。
第一次來秦朝嗎？
絕不能錯過這篇避險
指南！

被雷劈、被車撞、爬山拍照時不小心掉下懸崖……。

或者單純一覺起來發現自己穿越了！

而且居然穿越回以嚴刑峻法著稱的秦朝！

別慌張！這篇指南就是為你準備的。

儘管秦朝律法嚴苛，但你要面對的最大問題卻是：你聽不懂秦朝人在說什麼。

#——*……！
秦朝鄉民
*%（*^）!

你也看不懂秦朝的文字。

還不幸淪為階下囚！

這時，建議你裝聾作啞。
啊……唔……。
否則你可能會被當作敵國的奸細被殺頭！
救命！

就算你憑靠精湛的演技僥倖逃過一劫。

還是會因為沒有身分證，而被視為逃跑的流民暴打一頓。

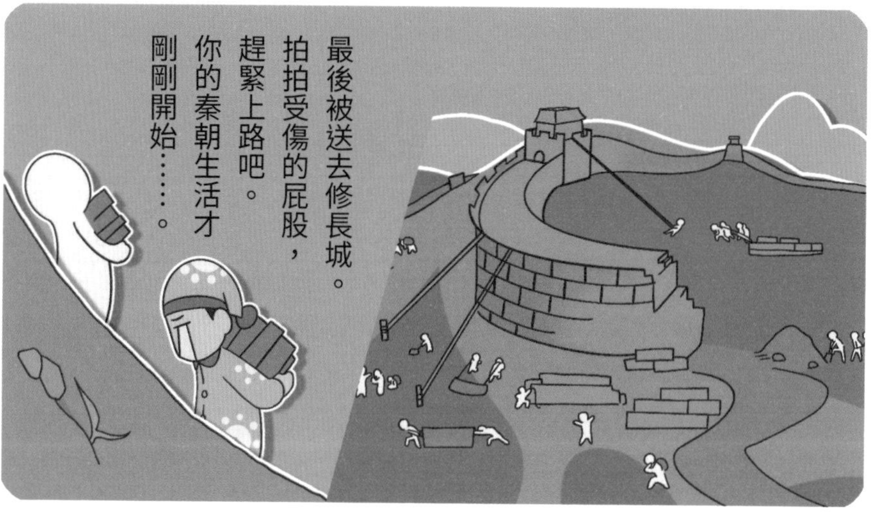
最後被送去修長城。
拍拍受傷的屁股，趕緊上路吧。
你的秦朝生活才剛剛開始……。

# 秦朝飲食指南①

**穿越回秦朝**，
能吃到哪些食物呢？
秦朝有哪些令人食指
大動的美味料理？

一不小心穿越回秦朝，你能吃到什麼好吃的？

小二，給本小姐來半斤好酒，再來兩斤牛肉……。
噓，客倌不要命了？私宰耕牛是大罪，被逮到可是要充軍的！

**烏拉拉小學堂**

耕牛對於農耕社會的秦朝非常重要，因此秦朝在制定耕牛相關的法律上非常嚴苛，一般人民更是無權私自處置耕牛。

呃……那來碗番茄蛋麵吧。
抱歉，客倌，番茄產自南美洲，直到明朝末年才傳入本土喔。

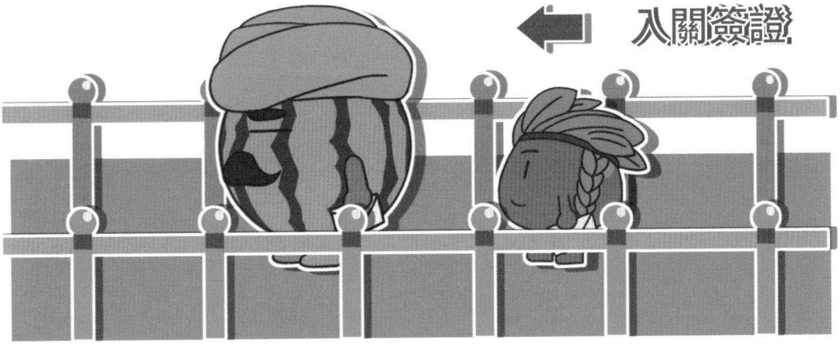
入關簽證

**烏拉拉小學堂**

番茄是在明朝萬曆年間，由西方傳教士連同向日葵一起引入。

要什麼沒什麼，居然還敢開店！就直接說店裡有什麼吧?!
主菜有豆飯和小米糊，還能再燙個白菜、煮蘿蔔。
難道你們賣的是麻辣燙嗎？
客倌懂吃呢。但辣椒直到明代才引進，我就算想賣麻辣燙也賣不成啊。

## 烏拉拉小學堂

辣椒是人類種植最古老的農作物之一。西元前五千年，馬雅人就開始吃辣椒了。直到明朝末年，辣椒才引入。

沒有辣椒，換成大蒜好了。
真不好意思，大蒜的種子是西漢張騫出使西域後帶回來的。

## 烏拉拉小學堂

### 代購大蒜

大蒜原產於西亞。在古埃及，大蒜一度被當作貨幣。如今在希臘等地仍流傳著將大蒜當作護身符的習俗。後來到了漢代，由張騫帶回。

那你們到底有什麼調味料？
客倌問到重點了。我們有肉醬、魚醬，還有祕製的蝸牛醬、螞蟻醬、蜂窩醬、青蛙醬……。
媽媽，我要回家……。
委屈

# 秦朝飲食指南②

**再次穿越回秦朝，**還能吃到哪些食物呢？

秦朝有哪些令人流連忘返的經典料理？

都下午三點了，怎麼還不能吃飯？
秦朝的老百姓一天只能吃兩頓飯，要是吃早了，當心半夜餓醒。
我不管，我現在就快餓死了！我們快去吃飯！

為什麼才這麼一點？沒炒菜嗎？
真拿你沒辦法，那我們就開飯吧！

在秦朝，大家都是分餐食用。秦朝主要的烹飪手法是蒸煮和燒烤，到了魏晉才有炒菜。

燒烤
蒸煮

實在太清淡了，我想吃肉！
你就別要求那麼多了！

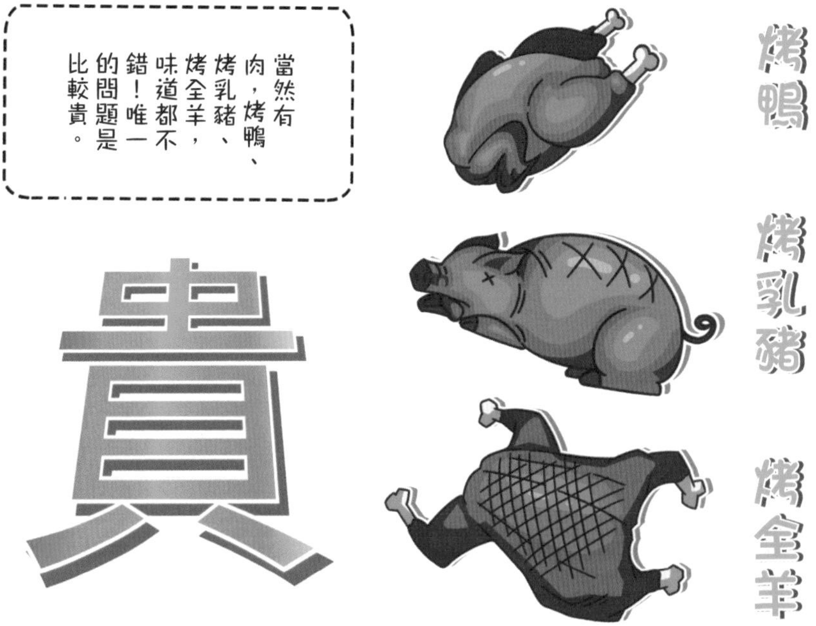
當然有肉，烤鴨、烤乳豬、烤全羊，味道都不錯！唯一的問題是比較貴。
烤鴨
烤乳豬
烤全羊
貴

你帶夠錢了嗎？

何以解憂？唯有暴富
暴富 穿 不能當公主病
貴不是它的問 是我的問題
主角的光環一點都不亮，
連肉都吃不起

下次穿越，我要當貴族！

# 秦朝時尚指南

## 穿越回秦朝穿什麼？

古人時尚一次揭露！

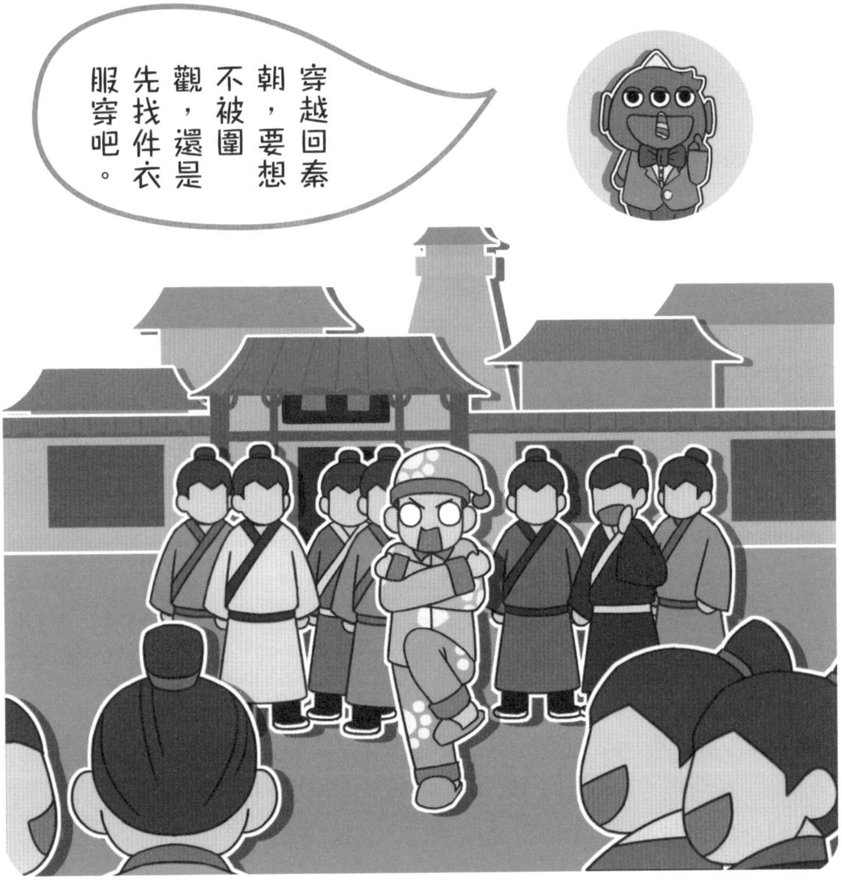
穿越回秦朝，要想不被圍觀，還是先找件衣服穿吧。

秦朝的衣服樣式主要分成直裾和曲裾兩種。

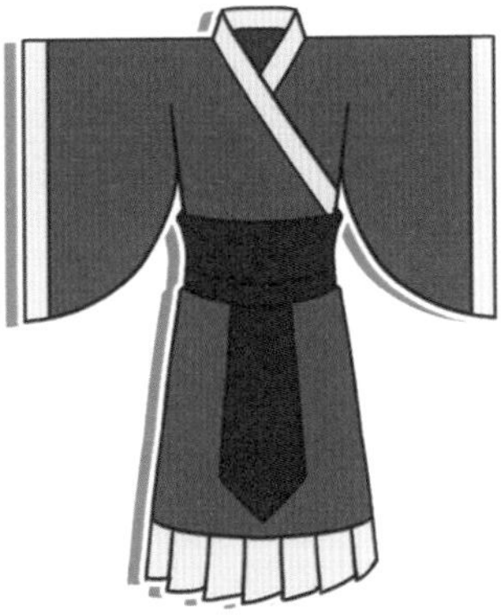
直裾

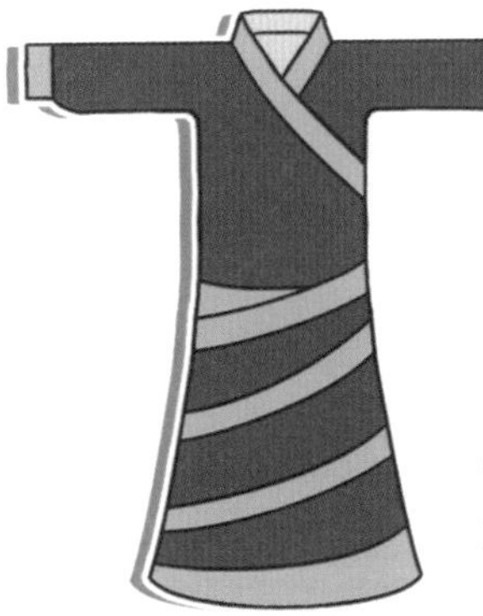
曲裾

但無論是直裾還是曲裾，最裡面穿的都是開襠褲。
開襠褲
所以，不妨盡情想像一下。
秦王掃六合，虎視何雄哉。
橫掃六
秦王
偷偷和你說
他穿的是開襠褲。

風蕭蕭兮易水寒。
荊軻
來擺個瀟灑的pose
穿的都是開襠褲。
你給我閉嘴！
惱羞成怒

但是，如果你穿越到吳越地區，還要適應那裡的另一種特色。

那就是——雕題黑齒！更直接說，就是在額頭上刺青，並且把牙齒染成黑色。

所以，被譽為歷史四大美女之一的西施其實是長這樣 der。

沉魚落雁說的正是小女子。

西施

# 秦朝婚嫁指南

**秦朝結婚有吉時之說嗎？**

秦朝人在婚嫁上又注重哪些禮節？

現代人的婚禮
好痛！
肅穆黑衣人
震驚

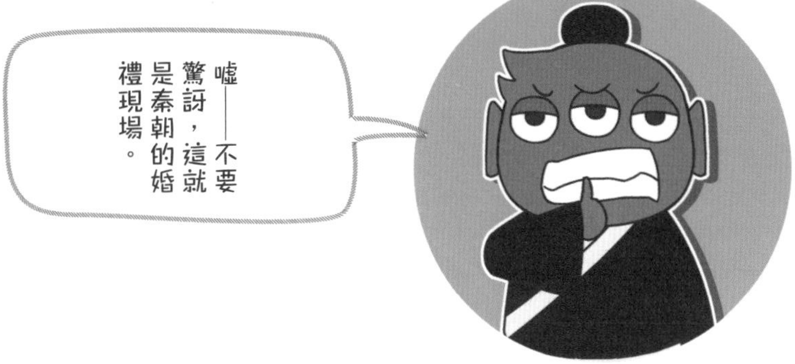
噓——不要驚訝，這就是秦朝的婚禮現場。

為什麼大家都穿黑色衣服？還哭喪著一張臉？
婚禮？

這是因為秦朝人結婚一般身穿緇衣⑦或玄端⑧。

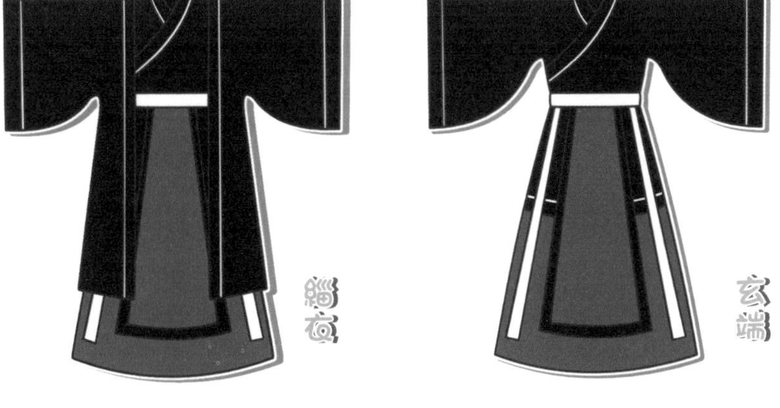
緇衣
玄端

註釋

⑦ 黑衣。古代卿士聽朝的正服。

⑧ 古代男性的黑色祭服，因袖子端正而得名。

父母與賓客也都是一身黑。

而且不能奏樂，全程肅穆。⑨

註釋

⑨ 禮記：「昏禮不用樂，幽陰之義也。樂，陽氣也。昏禮不賀，人之序也。」音樂容易撩動人們的情緒，不奏樂是為了保持對於婚姻大事嚴肅審慎的心情。

為什麼婚禮開始沒多久，天就要黑了？
因為婚禮也叫「昏禮」，本來就是在黃昏時舉行的。
昏禮
婚禮
奸笑
洞房
那婚禮結束不就很快要進洞房了?!我不要，嗚。
新娘

# 秦朝吵架指南

**秦朝罵人怎麼罵？**

可千萬別說錯話！

你跟著烏拉拉穿越回秦朝，走在大街上。

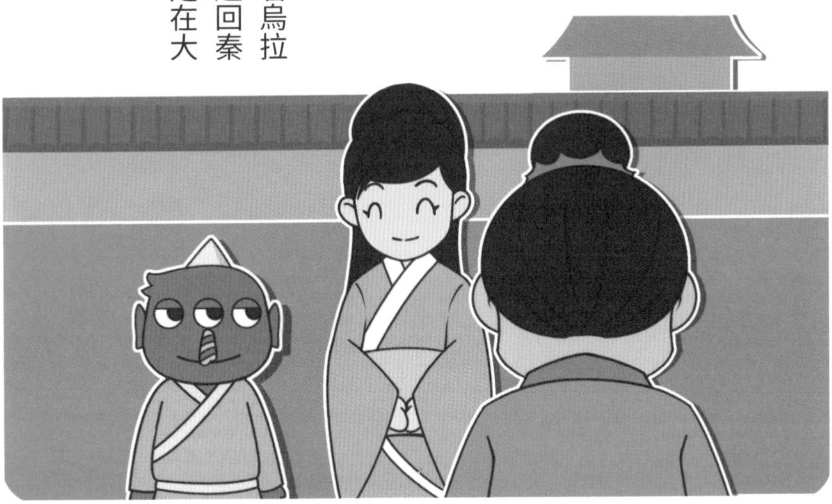

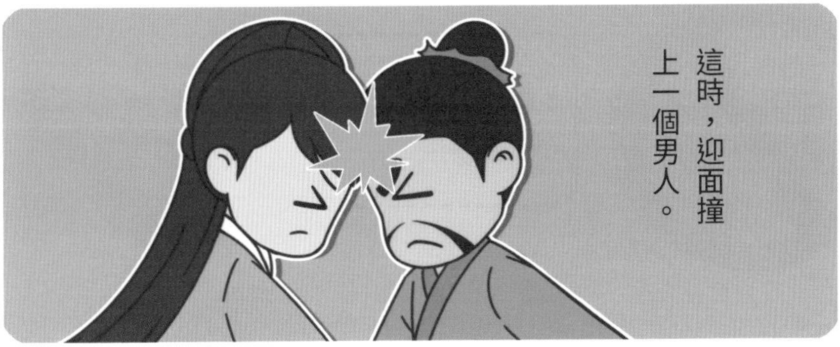
這時，迎面撞上一個男人。

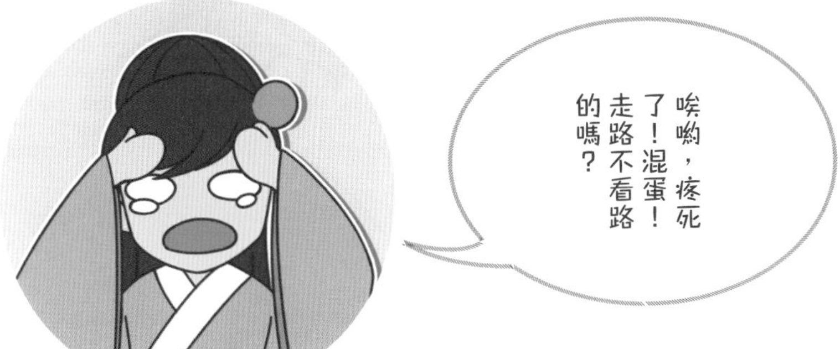
唉喲，疼死了！混蛋！走路不看路的嗎？

混蛋？你在說什麼？
錯了！錯了！
疑惑不解
在秦朝，沒人說「混蛋」啦，但你可以罵他「豎子」。
混蛋
豎子
「豎子」這個詞好弱，還有其他罵人的話嗎？

唔……還可以罵他「臧獲」。
不知所云

「臧」就是奴，「獲」就是婢，臧獲在秦朝是對奴婢的賤稱。⑩
獲＝婢
臧＝奴

審訂註

⑩實際上並非秦朝普遍的稱呼，而是齊、燕一帶的方言。

呃……。
我說你這個臧獲走路可是不看路的?!

我看你是想找死！
啪
啊，好痛！
膽敢在大庭廣眾下打人？

**註釋**

⑪在先秦時代，頭髮與鬍子是男子身分地位的象徵，剃光頭髮形同折損當事人的尊嚴。

綁起來，把頭髮剃了⑪，然後帶去修長城。

我錯了，饒了我吧……。嗚嗚嗚……。

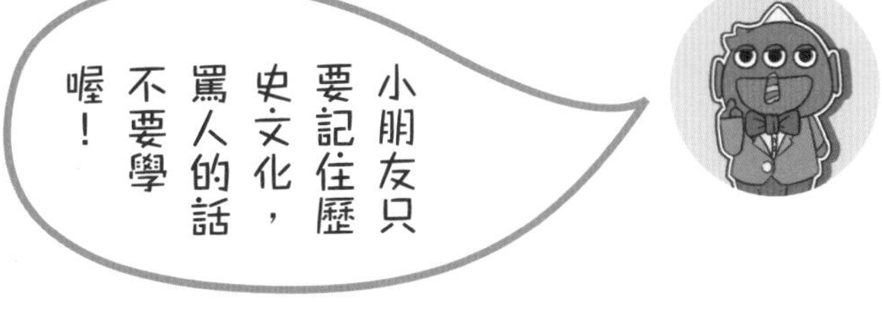
小朋友只要記住歷史文化，罵人的話不要學喔！

# 秦朝如廁指南

在秦朝肚子痛想上廁所，請記得先做好心理準備！

遲疑＋害羞
呃……小二……借我幾張衛生紙……。
衛生什麼？
生氣
衛生紙啦！
那是什麼東西？能吃嗎？
吃你個頭啦！我肚子痛，想上廁所。

您要上廁所啊？早點說嘛。
來，這給您。
這是什麼？
這是廁籌啊！我們這裡都用這個。
廁籌

紙是到了西漢才被發明出來，然後在東漢時，由蔡倫進行改良。

但是由於造紙成本太高，很長一段時間，紙張並未在庶民大眾間普及。

直到元朝，紙才被用來擦屁股。
紙
我們這裡就只能用這個。
……好吧。
您用完記得還我，這個還可以入藥呢。

嘔……
誰會吃這種藥……
一段時間……
啊啊啊啊啊，用這個好痛！我要回家！秦朝真的太可怕了！

# 秦朝就寢指南：棉被篇

**秦朝睡覺大不同，**
會興奮得睡不著！

日落西山——
太陽下山了，該睡覺嘍。
一更就該睡覺了，明天還要早起幹活呢！
睡覺？才七點吔！

我睡不著，點上蠟燭，晚點再睡吧。
掏出火把
漢代之後才有蠟燭。如果真的睡不著，就用這個吧！
算了算了，我還是睡覺吧。但床在哪裡？

秦朝人不睡床的，老老實實打地鋪吧！
好冷啊。你也多給我兩床棉被吧。

秦朝沒有被子。這裡有兩件寢衣，你就湊合著用吧。
半夜
12:00
呃……好吧！
崩潰
果然冷得睡不著！

# 秦朝就寢指南：枕頭篇

**秦朝枕頭的舒適度，**
你打幾分？

這種枕頭不是放在後腦勺下面，而是要枕在脖子下面。

枕在脖子面？那樣不是很不舒服嗎？
這樣對頸椎好。
前屈
能讓你的頸椎保持前屈，預防頸椎疾病。
???
就這樣？犧牲也太大了吧！

不只如此喔。
還能避免髮型被壓壞，節省洗頭的時間呢！
夏天還可以降溫，有清涼消暑的功效！
消暑
清涼

最重要的是……。
可現在是冬天啊！
這種枕頭才能讓你早點醒來，種田幹活啊。
……
驚詫

# 秦朝取暖指南

來到冷颼颼的秦朝，
沒衣服穿怎麼辦？
教你一個好辦法！

啊啊啊啊！冷死我了！
牙齒打顫
誰教你那麼不小心，穿越前也不先多穿幾件衣服。
誰知道秦朝會這麼冷！古人都這麼耐寒嗎？

這麼冷的天氣，秦朝人卻只穿草鞋和單衣？
冷到懷疑人生
那也沒辦法。棉花要到南北朝時期才傳入，大範圍種植棉花還要到元朝。秦朝主要使用葛和麻來做衣服。
葛｜麻
南北朝
棉花

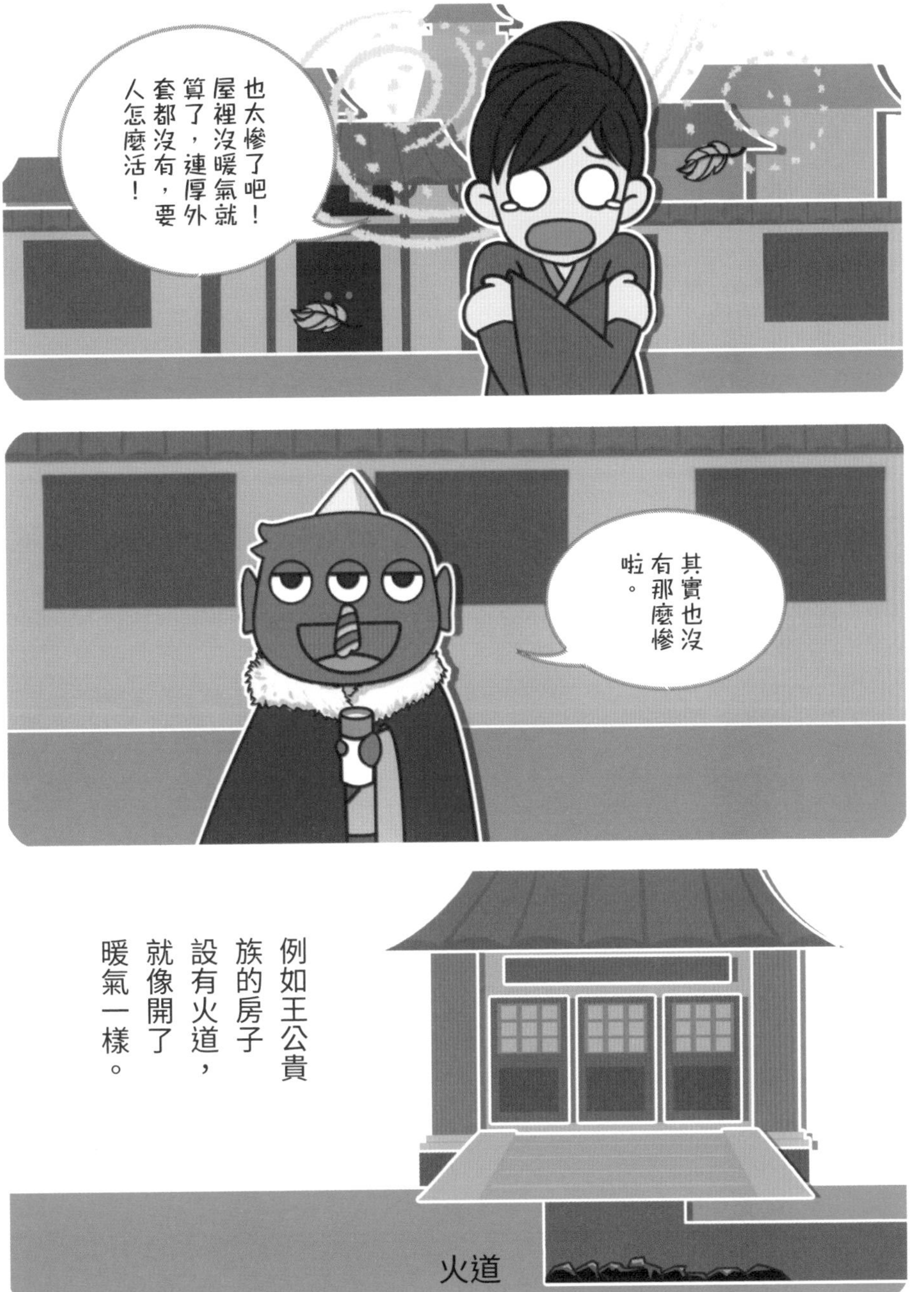
也太慘了吧！屋裡沒暖氣就算了，連厚外套都沒有，要人怎麼活！
其實也沒有那麼慘啦。
例如王公貴族的房子設有火道，就像開了暖氣一樣。
火道

貴族出門也會抱著手爐取暖，就和保暖的手套沒兩樣。

而且貴族的冬服都是裘衣，保暖性一級棒！

Notes:

# 第肆回

# 唐朝穿越指南

# 唐朝飲食指南

**如果穿越到唐朝，**
你能吃到什麼美食
呢？
唐朝是饕客的聖地、
吃貨的天堂嗎？

## 烏拉拉小學堂

唐朝的茶可是要加入蔥、薑、花椒、桂皮等香料一起煮來喝。不只喝茶，還得吃掉茶裡的各種「輔料」。因此平常不愛蔥薑的人，在唐朝恐怕無法附庸風雅，盡情享受文人雅士都愛的茶品。

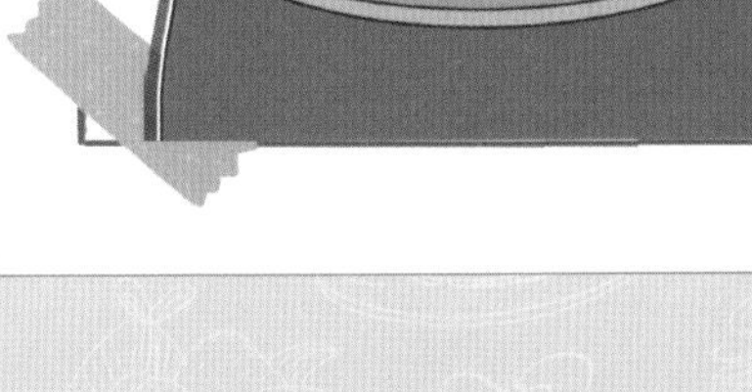

吃不吃薑？
加多少鹽？

桂皮
蔥
花椒
薑
在唐朝，我們和茶是絕配！

喝個茶怎麼放這些?!

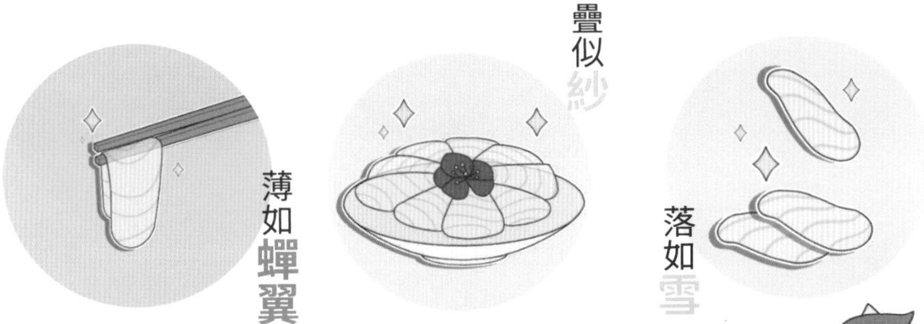

## 烏拉拉小學堂

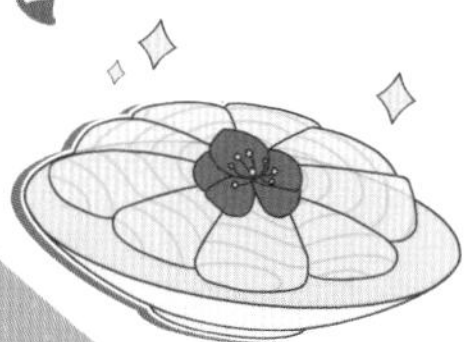

唐朝人非常喜歡吃魚，有種魚的做法叫做「切膾」，就是細切生魚片的意思。唐朝的切膾落如雪、疊似紗、薄如蟬翼。有名詩人杜甫的詩句「無聲細下飛碎雪，有骨已剁觜春蔥」為證。

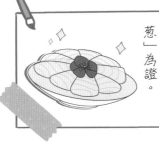

客倌要嚐嚐嗎？我的描述不足以形容它絕美的味道呢。
原來開的是日料店啊。
NO，NO，NO！大錯特錯！這可是我們唐朝相當流行的料理呢！

## 烏拉拉小學堂

切膾聽起來是不是有點像現代日本料理中的生魚片呢？其實這種料理在唐朝極為盛行，宴會上要是沒有生魚片（生魚膾，也叫魚生）這道菜，都不能說是豐盛的饗宴呢。

## 烏拉拉小學堂

唐朝的燒烤叫做「炙」，烤羊肉的香味可說飄蕩在每個大唐人民的靈魂裡。例如唐朝邊塞詩人岑參就是一位知名的燒烤美食家。

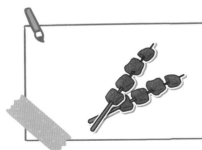

這道不錯！多加點胡椒！
口水直流
客倌，一兩胡椒要用一兩黃金換。您要幾兩？
氣到捶桌
你們怎麼不去搶！

**烏拉拉小學堂**

在唐朝吃現代烤羊肉串可是要耗費「鉅資」，絕非尋常人家負擔得起。

點菜前，先了解胡椒的身世吧！客倌，您確定要點烤羊肉嗎？

## 烏拉拉小學堂

在唐朝，胡椒的珍貴程度遠遠超乎現代人的想像。幾乎可說是皇室專屬調味料。這一點，在同時期的歐洲也一樣。因此，在那年代偷一把胡椒，等同於在現代成功搶一次銀行了。所以，當時黑胡椒也被稱做「黑色黃金」。

大約在漢朝時，產自東南亞的胡椒從中亞傳入中國。胡椒要抵達唐朝的首都長安，必須經過漫長而艱辛的絲綢之路，運輸成本極為高昂。高昂的運輸費，加上中間商賺取差價，胡椒的「身價」自然水漲船高，比黃金還貴。

胡椒

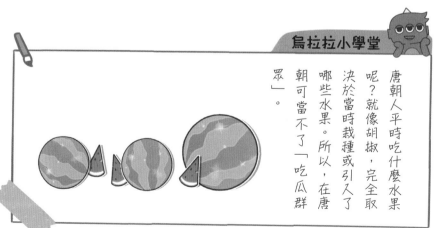

## 烏拉拉小學堂

唐朝人平時吃什麼水果呢？就像胡椒，完全取決於當時栽種或引入了哪些水果。所以，在唐朝可當不了「吃瓜群眾」。

嗚嗚嗚，我想回家，吃媽媽做的番茄炒蛋！
喂～～客倌，您别走啊！客倌！

# 穿越到唐朝：再探美食

**唐朝還有哪些特色美食呢？**

先吃為敬！

穿越回唐朝後，早上醒來就要面對頭號終極問題。

早餐吃什麼？

小姐，您想要用早膳嗎？

廚房早上煮了湯餅，
我給您端了一碗。

呼嚕……呼嚕……。
這不就是麵條嗎？清水煮麵也太清淡了吧？

您想吃有味道的嗎？沒問題，我去街坊買胡餅給您。

賣胡餅唷！

這是自西域傳入唐代的胡人手藝，以白麵粉做好餅胚後抹油，再撒上芝麻烤熟。

正宗胡餅
不用說，超級香！
聽起來好像燒餅……還有其他選擇嗎？
還有還有，蒸餅也很美味呢！

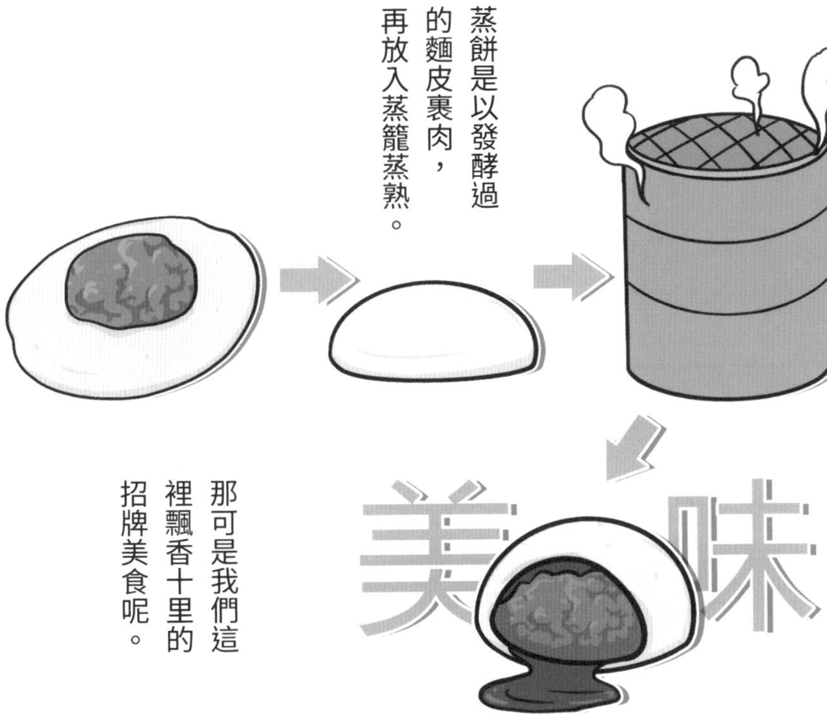
蒸餅是以發酵過的麵皮裹肉，再放入蒸籠蒸熟。
美味
那可是我們這裡飄香十里的招牌美食呢。

還沒說完，我們的煎餅也超讚！
但……這不就是包子花捲嗎？

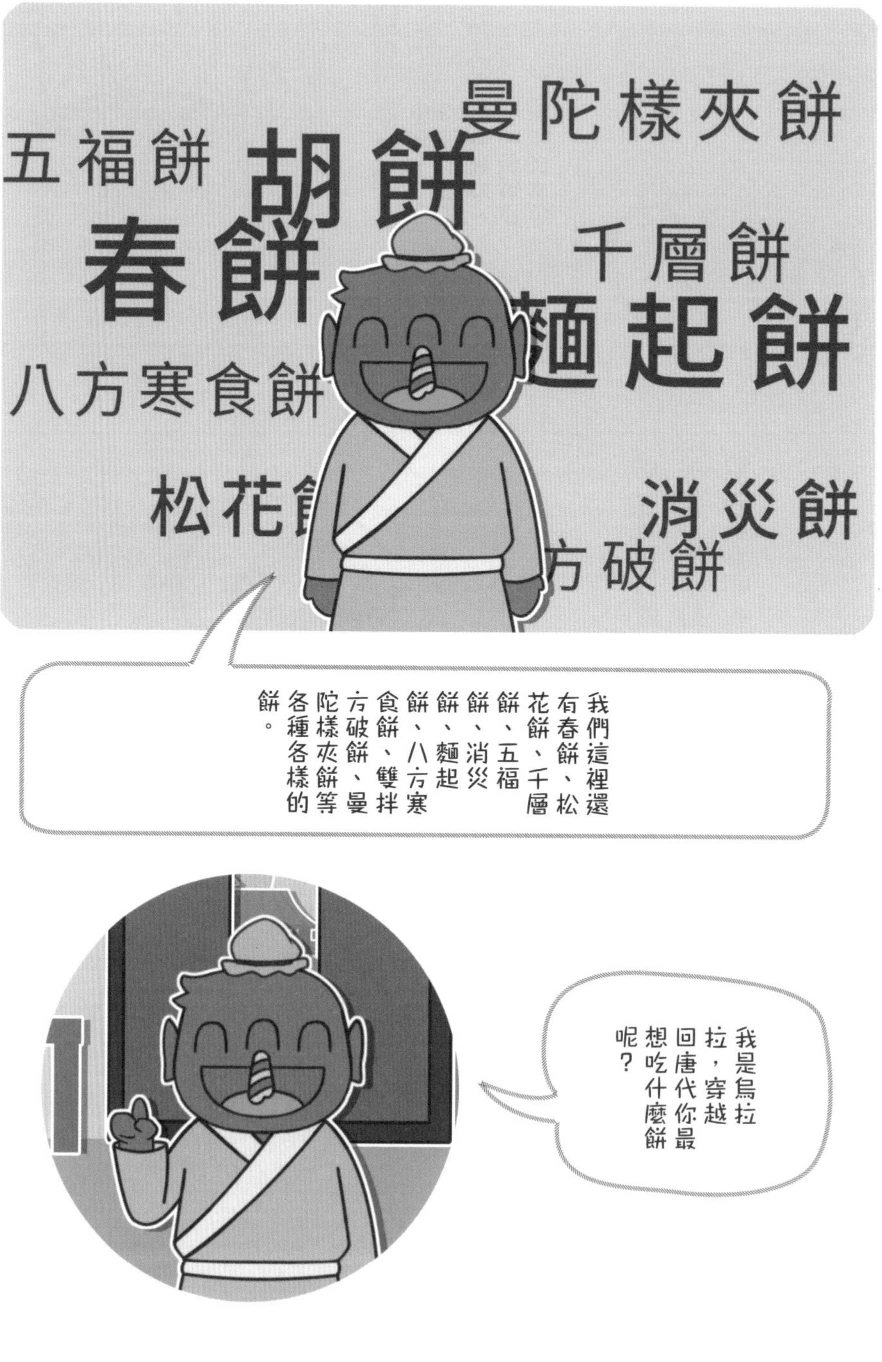
曼陀樣夾餅
五福餅
胡餅
春餅
千層餅
麵起餅
八方寒食餅
松花
消災餅
方破餅
我們這裡還有春餅、松花餅、千層餅、五福餅、消災餅、麵起餅、八方寒食餅、雙拌方破餅、曼陀樣夾餅等各種各樣的餅。
我是烏拉拉，穿越回唐代你最想吃什麼餅呢？

# 唐朝有錢人指南

**這次來當個有錢人，**

重啟爽快人生！

當你轟隆一聲穿越回到唐朝初年，還成了一名富商，你的生活會是什麼樣子呢？

啊哈哈哈，老子有的是錢！先娶個三妻四妾再說！

老爺，我們這裡是一夫一妻制，一妻之外的女子只能叫做「妾」。
那我娶一妻六妾總沒問題了吧？
是沒問題……。
但是夫人會打斷您的腿。

至少給我換身好點的衣服吧？這衣服材質也太差了！
不行啊，老爺。
呃……。

唐朝律法規定，商人只能穿粗布衣服。

望梅止渴

就算有能力買絲綢衣物，也只能放在一旁觀賞。

那我去當官吧。
可是本朝法律規定，商人不許入仕。

那我生個兒子去考科舉！
那也不行。商賈三代以內都沒戲唱。

李白
求入仕
連詩仙李白都因為老爸是商人，才沒辦法上京考功名呢！

這也不行！
那也不行！

那我要這些錢有何用?!

# 唐朝科舉指南

學好數理化，來到唐朝還會怕？

考場外
一三得三，一五得五，三五……。
明算
太難了。

古代人考科舉不都是搖頭晃腦說什麼子曰嗎？
這你就錯了。

在唐朝，科舉考試早就分成許多科目。
三年科舉 大學
三年科舉 中庸
三年科舉 孟子

啊，這裡也分文科和理科嗎？
呃，大概是。不同科目的考試內容也各不相同。
就像他……。
床前明月光，李白睡得香。
子曰……。

如果報考進士科，既要背四書五經，

吟詩作對，

又要關注時事政治。

此外，有些考科涉及算數、法律或武術……。

暴躁摔算盤

# 唐朝戀愛指南

**唐朝民風開放、**
戀愛自由
是真的嗎？

在唐朝，婚姻自由是什麼意思？
別以為古代都是媒妁之言。
其實在唐朝，談戀愛相當自由！
唐朝女子
要愛情！要自由！
如果父母不同意怎麼辦？

我以皇帝的名義祝福你們——私奔吧！
合法
私訂終身也受法律保障喔！

但也因為太自由了，唐朝宮廷的家庭關係簡直亂成一團。

武則天先當了唐高宗李治的後母，後來又成了他的老婆。

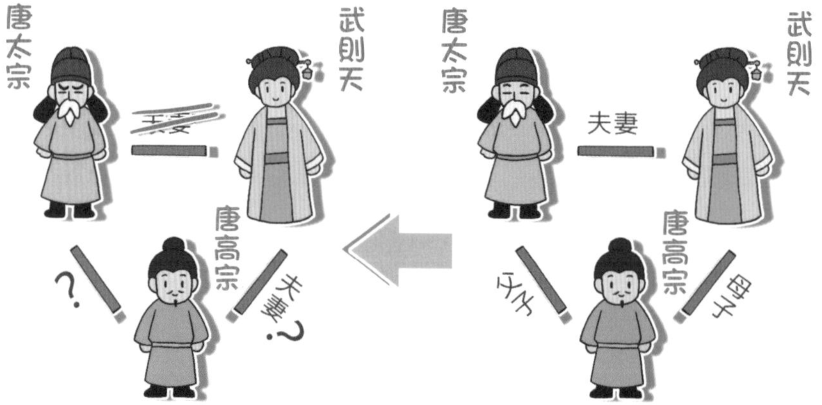


唐玄宗李隆基先是楊貴妃的公公，後來又成了楊貴妃的老公。

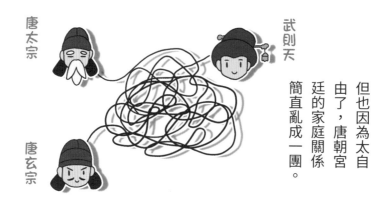

因此，如果唐朝皇帝們聚在一起，應該是這番光景：

# 唐朝稱謂指南

**如果現代的稱謂穿越回古代，**
古人會作何反應？

當你轟隆一聲穿越回唐朝，出現在你面前的是唐太宗李世民。

憑著長年鑽研古裝劇累積的經驗，你倒頭就拜。

皇上萬歲！
跪倒
李世民露出一副看著傻子的眼神。

在唐朝，除了書面用語，人們很少使用「皇上」一詞。

一般都是稱呼「陛下」或「聖人」。

「萬歲」這種詞更是馬屁精專用的。

然後，你又看到了當朝宰相魏徵——魏玄成。
魏徵
魏大人，求簽名。
你是誰？你認錯人了吧！

讓魏大人一臉驚愕的原因是，「大人」在唐朝是對父母的專屬稱謂。
爹
完全沒做好心理準備就當了老爸，不驚愕才奇怪呢！
因此，在唐朝千萬別亂用「大人」這個稱謂。
李大人
王大人
張大人

否則，各位「大人」可是會慈愛地摸摸你的小腦袋瓜。令尊大人則會拎起棍子追你三條街呢。

你慌不擇路，口不擇言，竟然喊出：

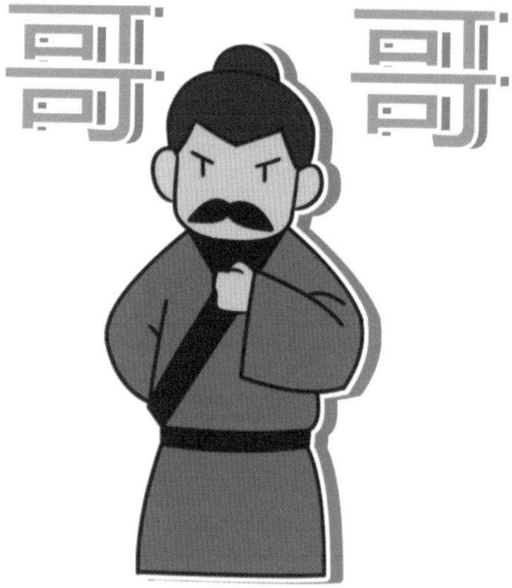
哥哥

哎，這倒沒叫錯。在唐朝，也可以稱父親為「哥哥」。

這些穿越小技巧，大家學會了嗎？

# 唐朝吵架指南

**穿越回唐朝，當你火冒三丈時，**
說哪些話才能發洩怒氣？

穿越回唐朝，
如果走在大街上聽到有人這樣叫你。
那邊那個漢子！就是叫你呢！
漢子
古人

這可不是在誇你威武雄壯喔。這不折不扣是一句罵人的話。
Xx漢
在唐朝，叫對方「xx漢」……。
基本上就是在說：你這個大傻瓜！
暴怒

當年，魏徵在朝堂上天天進諫，逼得唐太宗李世民破口大罵。
我是忠臣啊！
朕殺此田舍漢！
擦……擦……
李淵也曾痛斥房玄齡和杜如晦。
房玄齡
杜如晦
李淵
哎呀呀，兩個讀書漢教壞了我兒子。

也有將領被罵「軍漢」。

商人被罵「市井漢」。

如果實在不曉得對方的職業，就罵「老漢」或「痴漢」。

那邊那個漢子！就是叫你呢！
因此在唐朝，如果遇到有人叫你漢子，記得要狠狠回擊！
你才是漢子！你全家都漢子！

# 唐朝洗頭指南

**穿越回唐朝前忘記帶洗髮精了，**

怎麼辦？

學習唐朝人都怎麼洗頭？

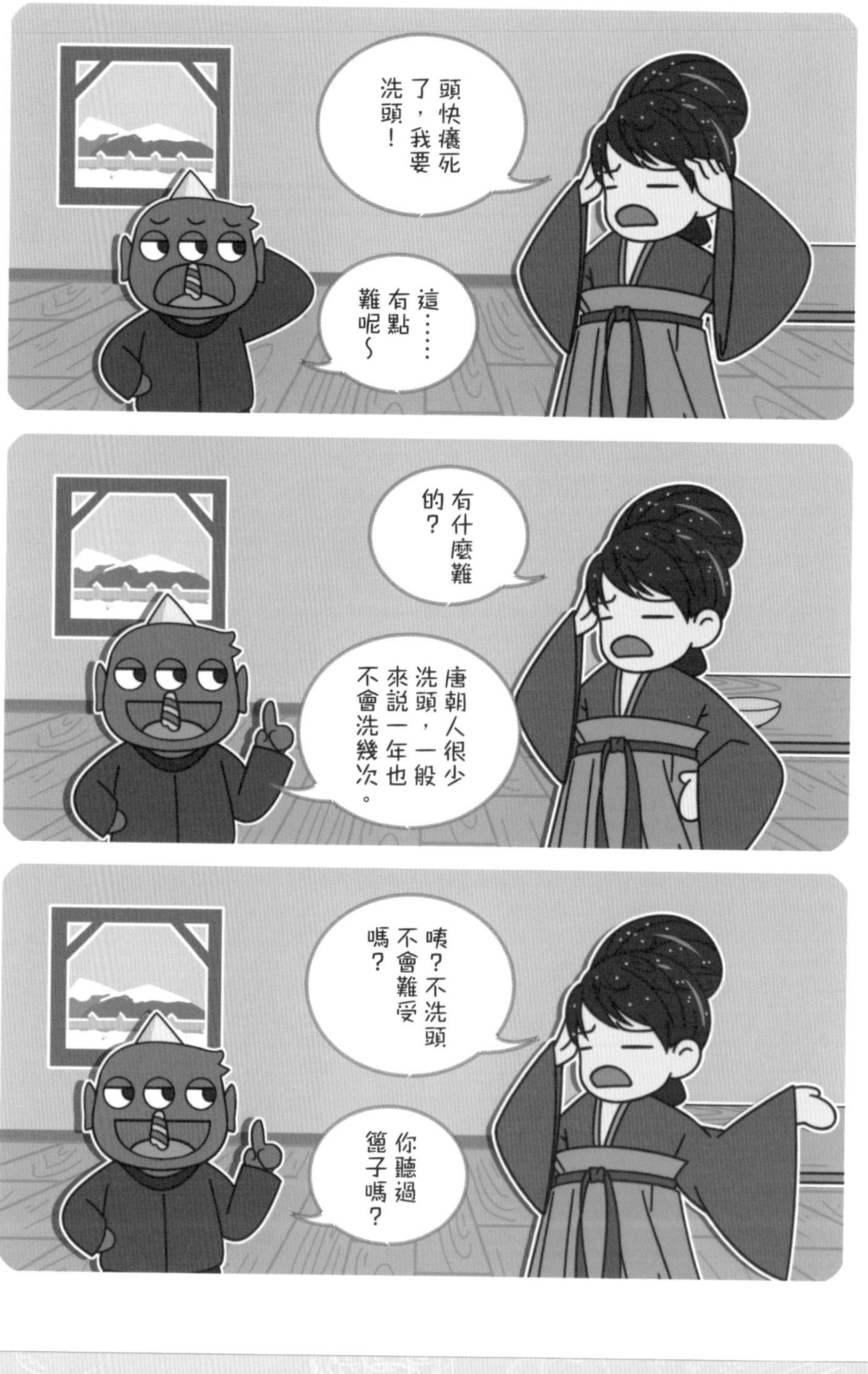
頭快癢死了，我要洗頭！
這……有點難呢～
有什麼難的？
唐朝人很少洗頭，一般來說一年也不會洗幾次。
咦？不洗頭不會難受嗎？
你聽過篦子嗎？

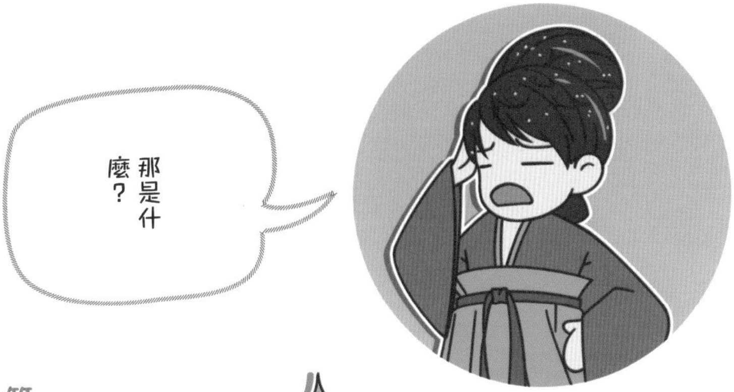
那是什麼？

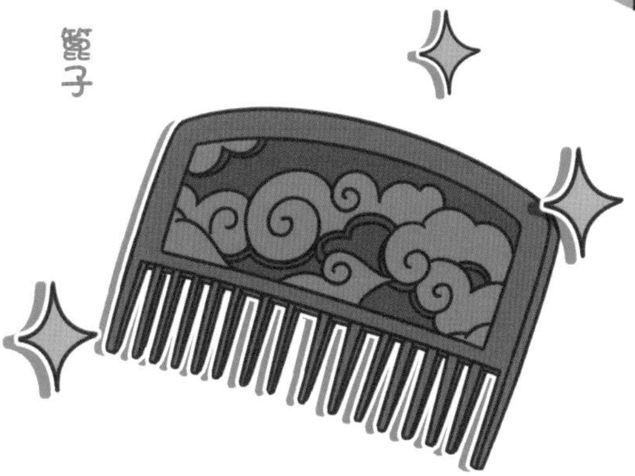
篦子

這是一種齒梳特別細密的梳子。中間有齒背，兩側是密齒。

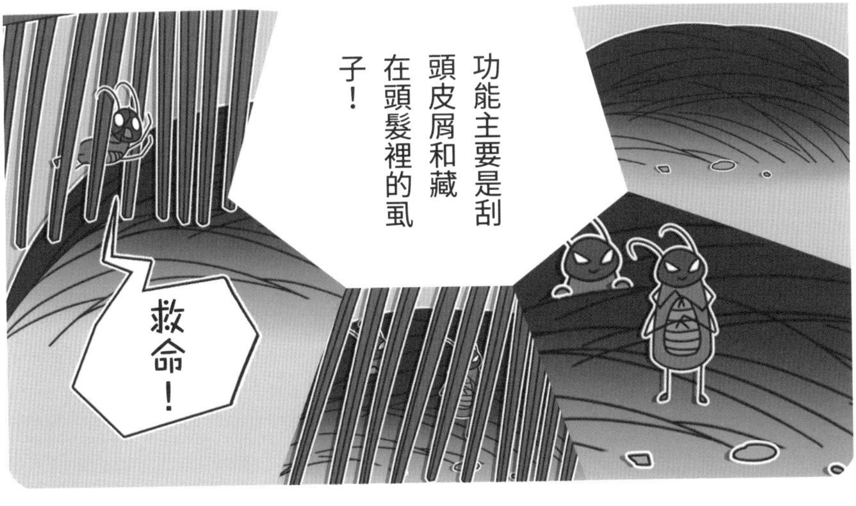
功能主要是刮頭皮屑和藏在頭髮裡的虱子！
救命！

我不要用這個！
哎喲哎喲，痛啊，痛痛痛……
我要洗頭！
真拿你沒辦法，那我去幫你燒水吧。
啊？那洗髮精呢？
唐朝沒有這種東西。

草木灰和淘米水，選一個吧。
淘米水
草木灰

媽媽，我要回家！

# 第伍回

# 宋朝穿越指南

# 宋朝美食指南

**宋朝吃貨多，**
原因在這裡！

小二，你過來！
怎麼了，客倌？
我明明點的是兩個饅頭，你為什麼端來兩個包子？
您手裡拿的就是饅頭啊。
你胡說，裡頭明明有包餡，以為我讀書少就好騙嗎?!
哦……原來您是要吃炊餅啊？
啊？

## 饅頭

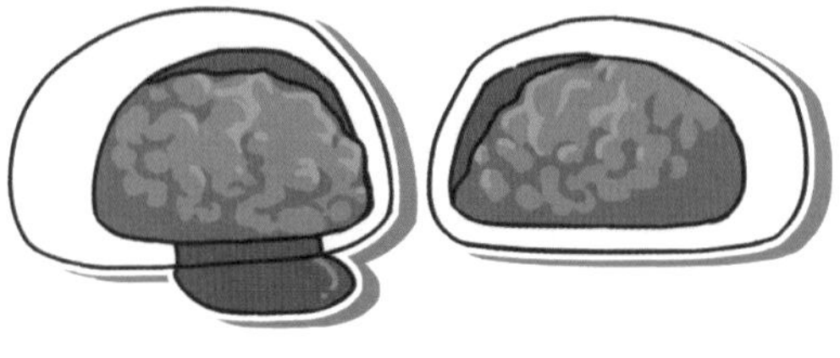

我們這裡的饅頭都是有餡的。

您想吃沒包餡的，那叫炊餅。

## 炊餅

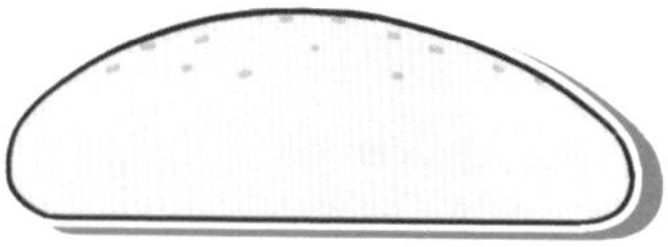

這裡最有名的就是武大郎家的炊餅。我這就去給您買來。

驚險
武大郎
大郎，該喝藥啦！

不急，先上你家的招牌菜吧！
您可真是來對了！

大吃貨
我家的招牌菜可是大吃貨……。
喔不，是大詩人蘇東坡……。
大詩人
蘇東坡

# 東坡肉

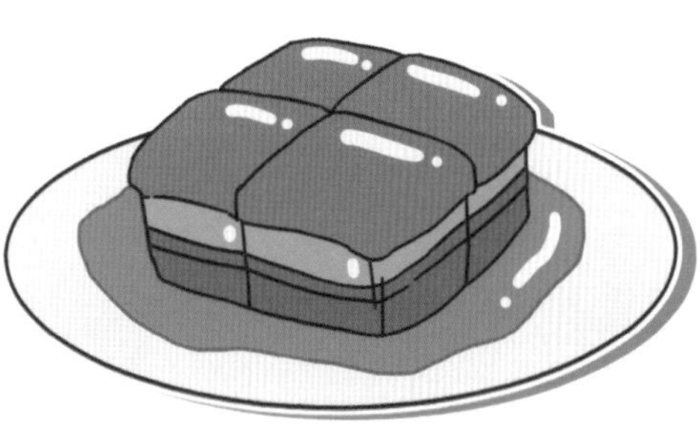

蘇東坡創的東坡肉色如瑪瑙，肥而不膩，在別的地方您可是吃不到的。

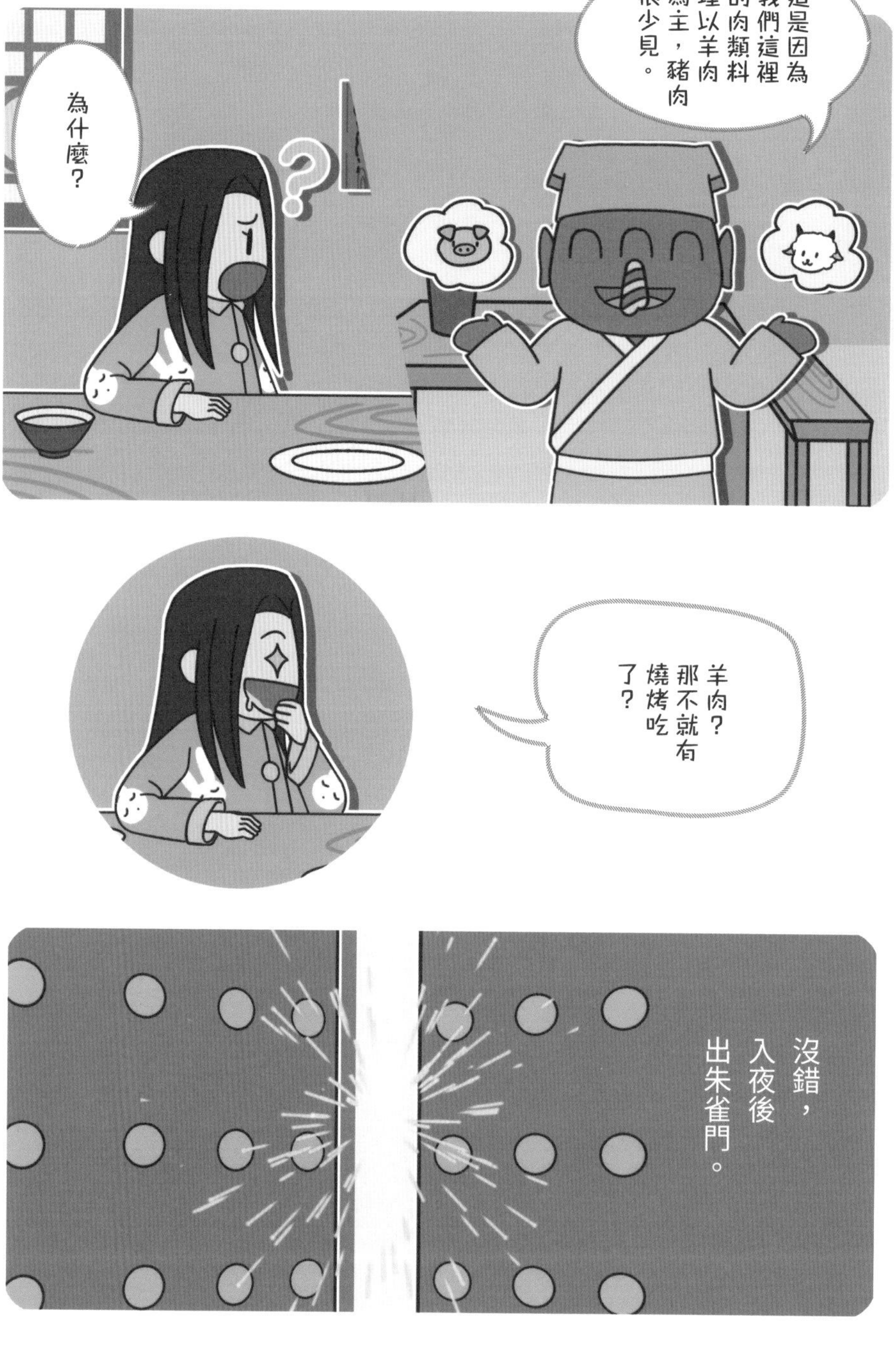
為什麼？
這是因為我們這裡的肉類料理以羊肉為主，豬肉很少見。
羊肉？那不就有燒烤吃了？
沒錯，入夜後出朱雀門。

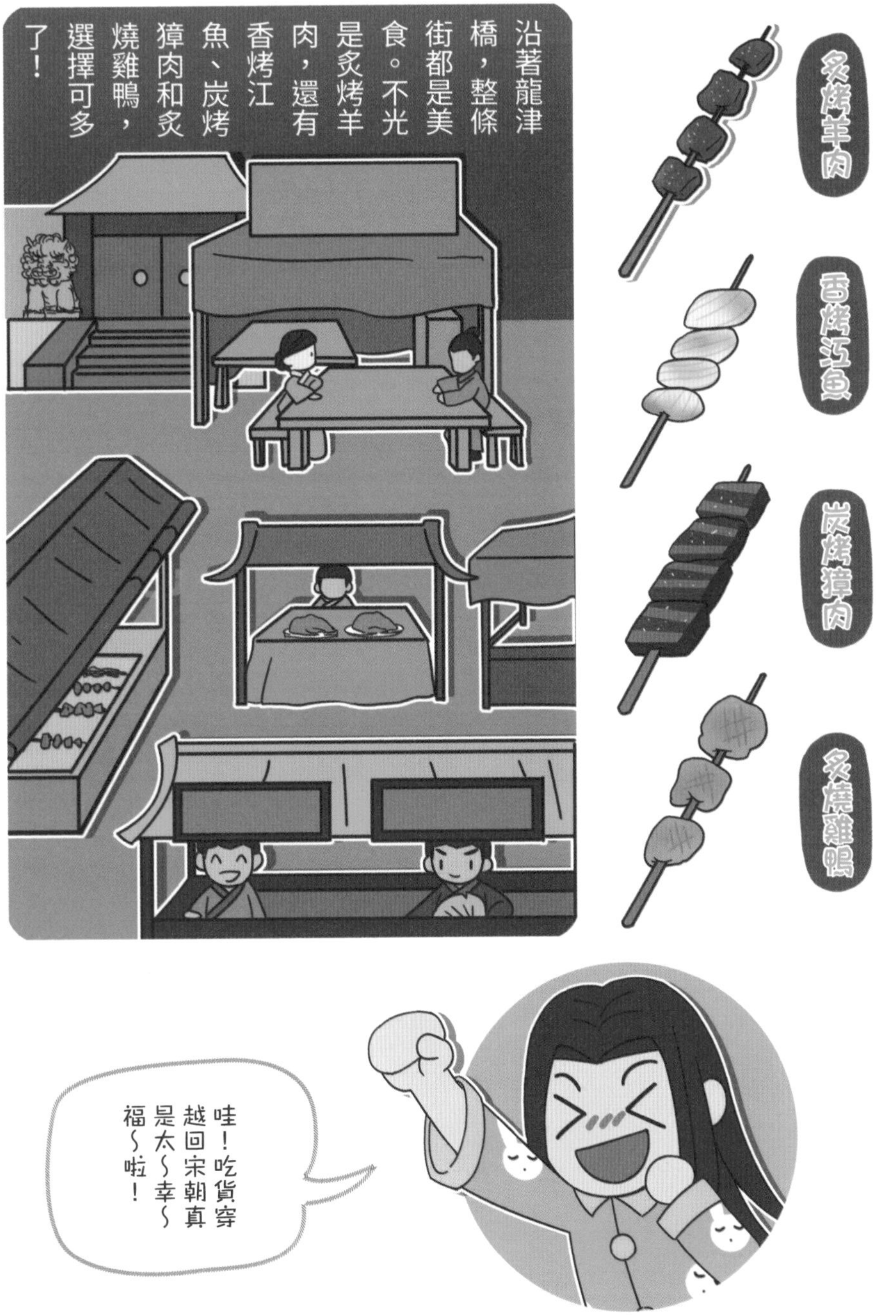
沿著龍津橋，整條街都是美食。不光是炙烤羊肉，還有香烤江魚、炭烤獐肉和炙燒雞鴨，選擇可多了！
炙烤羊肉
香烤江魚
炭烤獐肉
炙燒雞鴨
哇！吃貨穿越回宋朝真是太～幸～福～啦！

# 宋朝外送指南

**想足不出戶吃美食？**

在宋朝也辦得到！

今天不想煮飯，我們叫外送吧！
我又餓了，什麼時候開飯？
咕嚕～
咦，這不是宋朝嗎？
沒手機怎麼叫外送？

這個簡單！
打開窗戶
小二，給我來一份百味羹！一份兩個胡餅！一份炒蛤蜊！
好咧！
您稍等，過一會兒就給您送來！
這樣也行？

在宋朝，很多人家裡都不下廚。
一般都上館子，
或者叫外送解決。

而且，如果在外頭酒喝多了，還可以找代駕呢。讓人牽著你的馬，把你送回來。

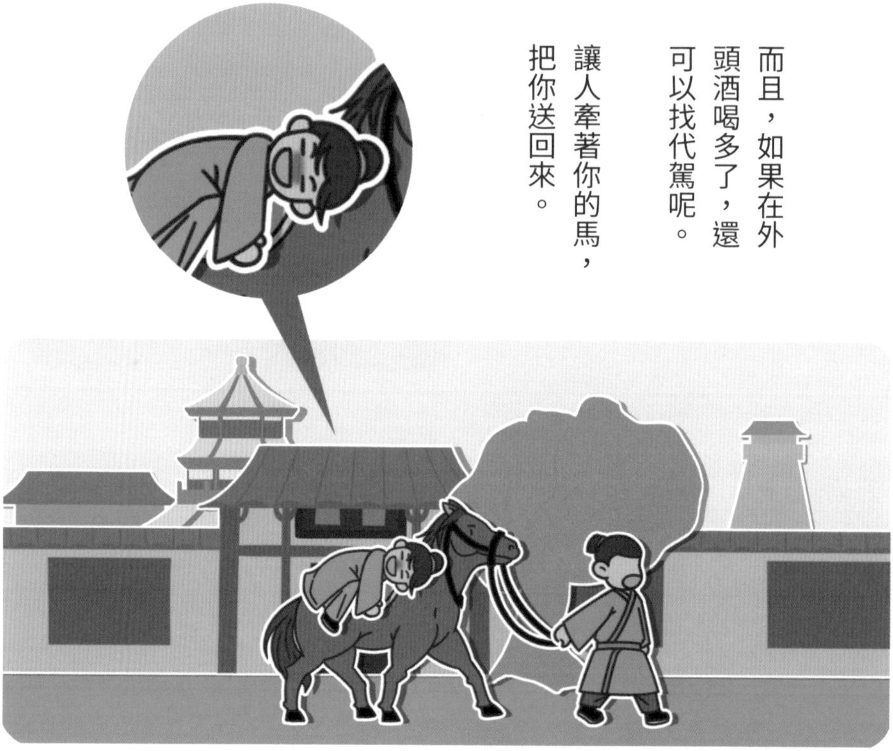

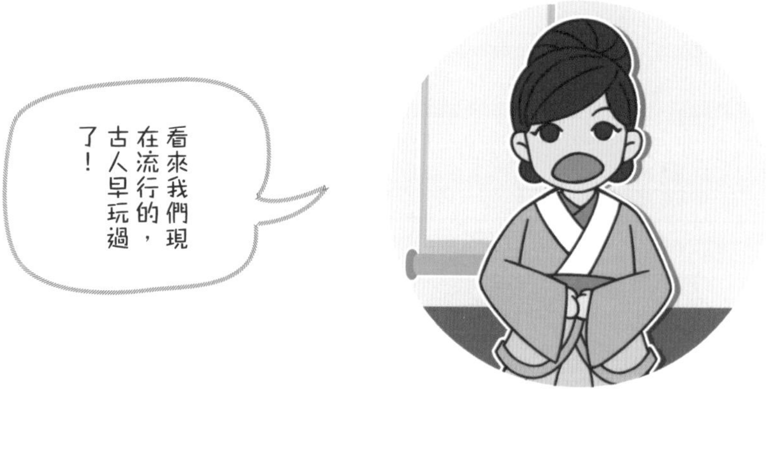
看來我們現在流行的，古人早玩過了！

# 宋朝冰品指南

**吃貨天堂宋朝**

怎麼能少了冰品呢！

一不小心穿越回宋朝，居然吃得到冰淇淋?!

熱死了、熱死了，快給我來杯水消消暑。
新品!!
客倌，您來啦。
新品!!!
您要不要試試看我家的招牌冰酪？
你們居然也賣冰？
新品!!!
客倌有所不知，您吃冰在我們這裡可是很普遍的。

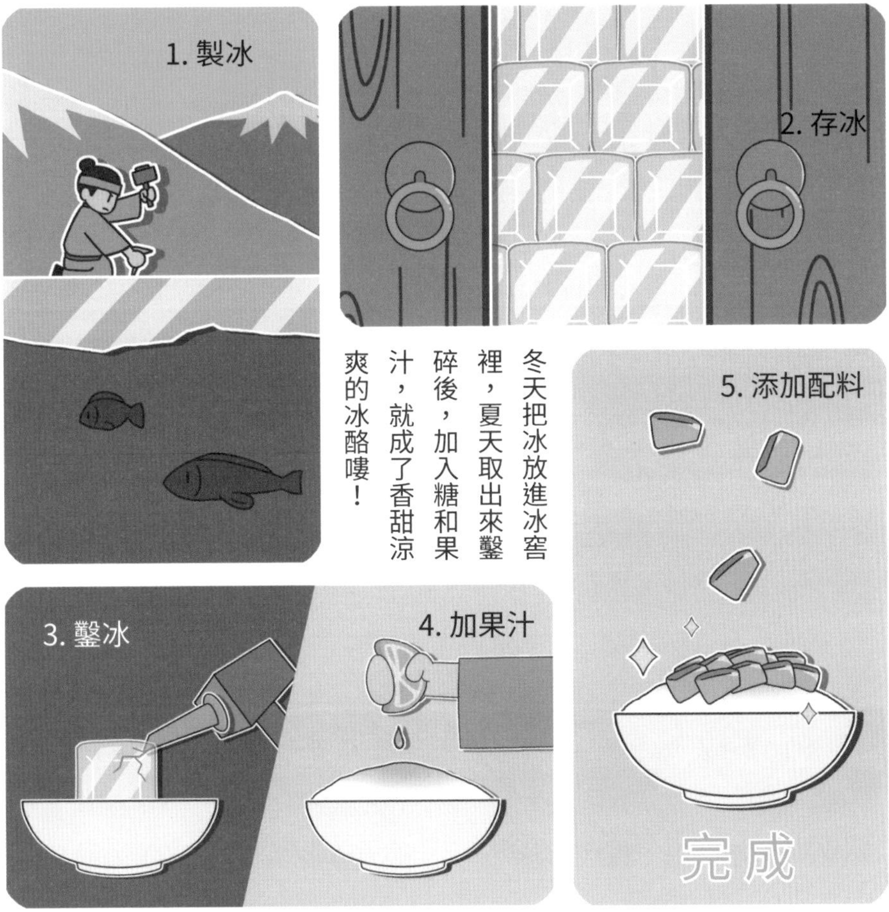
1. 製冰
2. 存冰
冬天把冰放進冰窖裡，夏天取出來鑿碎後，加入糖和果汁，就成了香甜涼爽的冰酪嘍！
3. 鑿冰
4. 加果汁
5. 添加配料
完成

咦？這不就好像是現代的冰淇淋嗎？

新品!!!
還不止呢！我家的招牌還有「冰雪甘草湯」、「生淹水木瓜」、「雪泡梅花酒」、「涼水荔枝膏」。

涼水荔枝膏
雪泡梅花酒
生淹水木瓜
冰雪甘草湯

哇，每樣都給我來十份！

# 宋朝洗澡指南

**宋朝沒有沐浴乳，**
要怎麼洗澡呢？

哎呀，來宋朝這麼多天，身上變得好臭。
我要洗澡！

真拿妳沒辦法，我幫你燒洗澡水吧。
欸，該不會又要我用草木灰洗澡吧？

在宋朝，胰子已經普及了。放心吧！
胰子？那是什麼？

# 胰子

草木灰
脂肪
胰臟

胰子是用豬胰臟加上豬脂肪和草木灰製作而成。

喂，怎麼聽起來很髒？你確定用這個洗得乾淨嗎？

這就要從化學的角度來解釋了。

豬胰臟裡的消化酶遇到脂肪會分解成高級脂肪酸。

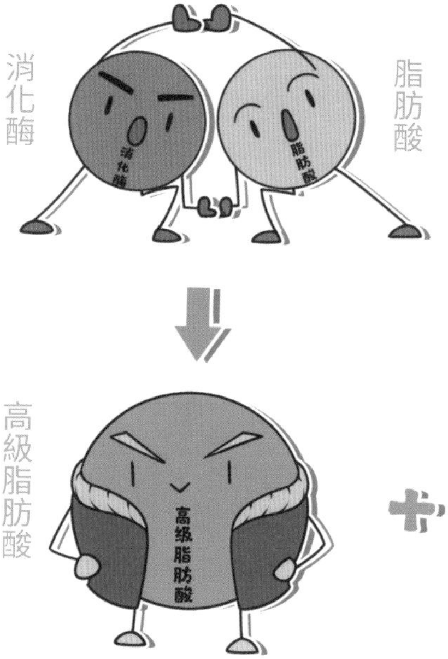
消化酶
脂肪酸
消化酶
脂肪酸
高級脂肪酸
高級脂肪酸

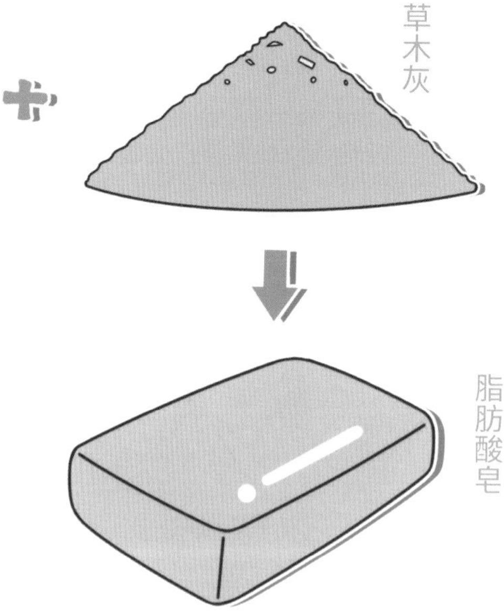
草木灰
脂肪酸皂

再加上草木灰裡的鹼，就會生成脂肪酸皂。這也就是現代肥皂的主要成分。

哇，古人實在太厲害了！

不只如此，還會在胰子裡加入不同的香料，甚至做成桂花味、菊花味等等。

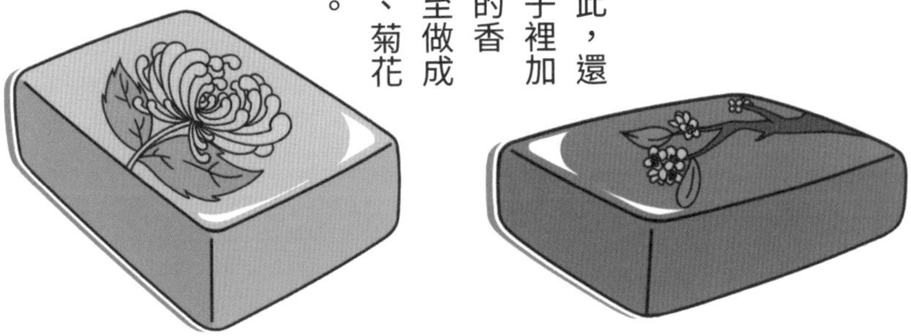

哎呀，住在宋朝真的好舒服呢。

在木桶裡盡情泡澡

# 宋朝狗仔指南

**宋朝重文輕武，**
當狗仔居然前途無量？

穿越回宋朝，
你可以選擇——
當狗仔！
狗仔
什麼？
咳咳……精準點說是小報記者啦。
宋朝也有這種職業啊？
小報記者

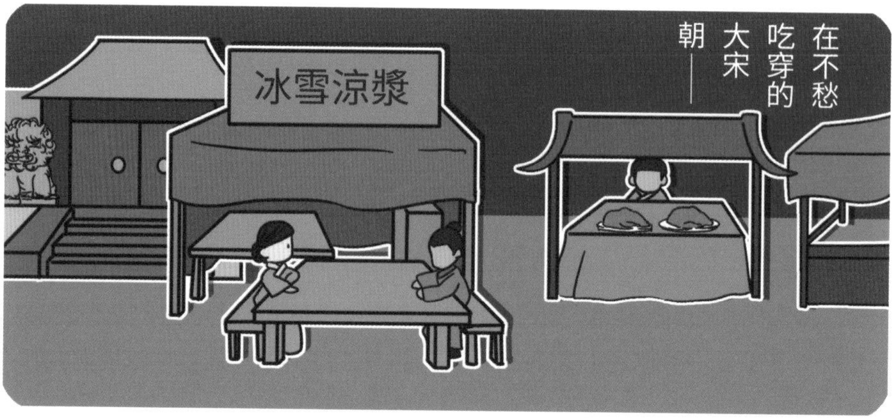
在不愁吃穿的大宋朝——
冰雪涼漿

只要家裡稍微有點錢的人，都是手拿兩份報紙。
大宋要聞
新皇登基
新政實施
各省財富統計

大宋要聞
新皇登基
新政實施

一份是邸報，官方發行，專門報導國家大事。

另一份就是小報。小報可厲害了。

上至皇帝與後宮佳麗的愛恨情仇，下至街頭名人的八卦軼聞，沒有他們不敢寫的！

大宋 TV
震驚全國！皇上登基十年仍無子嗣居然是因為……。
宋高宗
誰寫的？給我抓來流放千里！
皇上登基十年沒有子嗣居然是因為……

大宋 TV
大文學家朱熹新作涉嫌抄襲！此事究竟是真是假？
朱熹
不是我！我沒有！別亂報啊！
大文學家朱熹深陷抄襲疑雲……

哈……古人還真會玩……看來狗仔和八卦才是人類的靈魂啊。
八卦

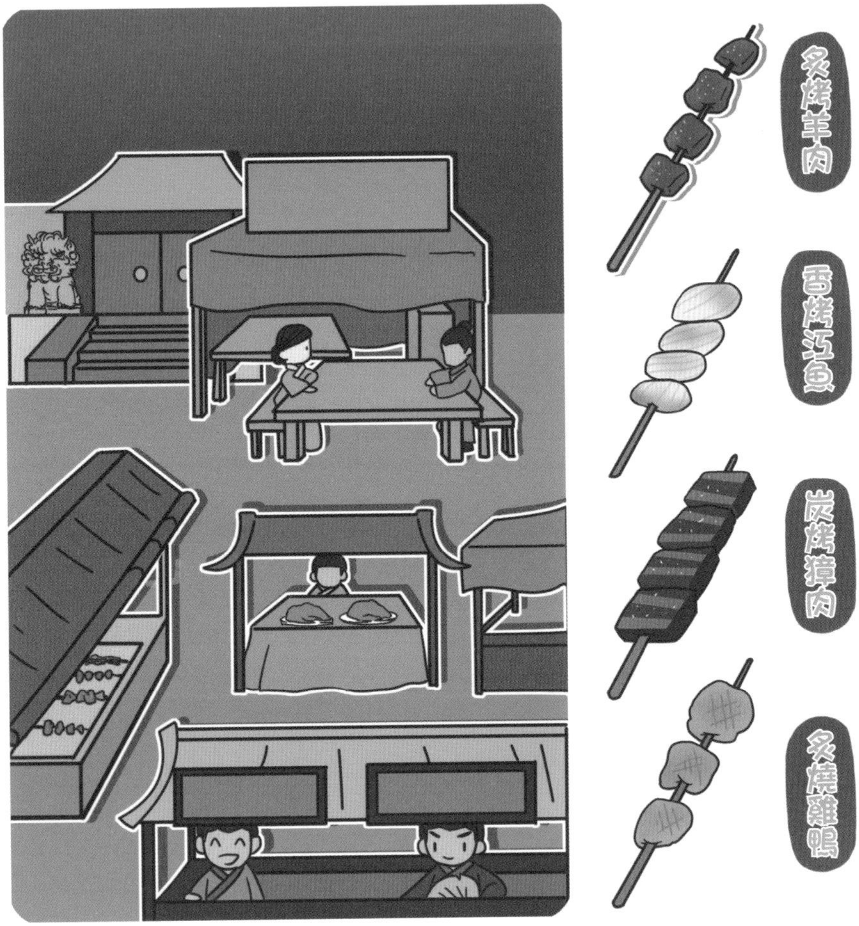
炙烤羊肉
香烤江魚
炭烤獐肉
炙燒雞鴨

媽媽，我要去宋朝！

## 第陸回

# 明朝穿越指南

# 明朝時尚指南

**精緻的明朝服飾**
象徵中華文明的璀璨文化。

當你轟隆一聲穿越回明朝，你會看到這樣的場景。
咦？我到韓國了嗎？
錯！你是韓劇看太多了吧。

你覺得眼熟，是因為韓國的古代服飾受明朝影響很大。

中國

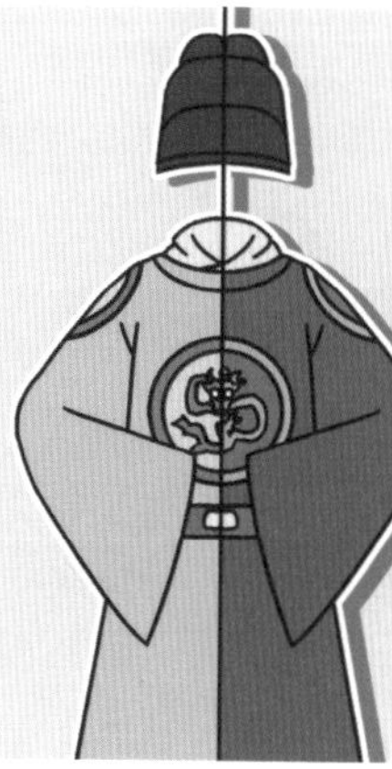

韓國

明朝的女性喜愛穿襖裙或褙子

襖裙

褙子

還會搭配雲肩作為裝飾，相當華美。

雲肩

## 唐宋幞頭

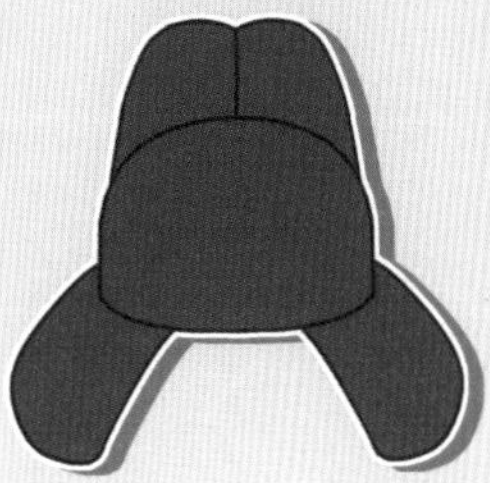

明朝男裝的帽子則承繼唐朝和宋朝的幞頭設計。

## 明朝幞頭

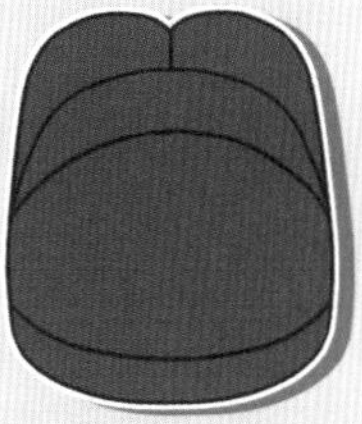

明朝冠後有向上的一對折角，故稱「翼善冠」，民間又稱「沖天冠」。

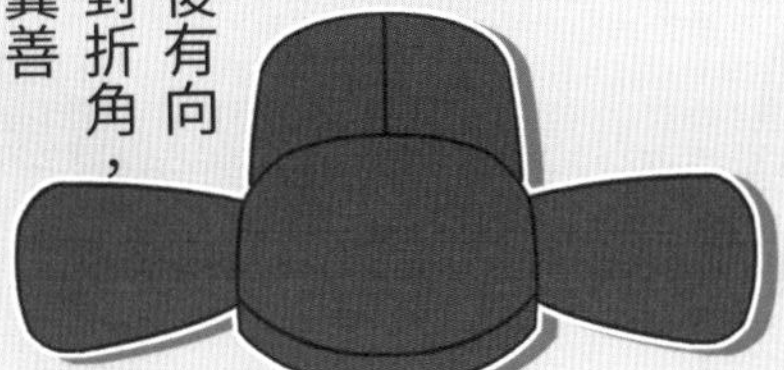

明朝皇帝一般都是頭戴翼善冠，身著袞龍袍，腰繫白玉帶，足穿無憂履。

明朝官員的常服則是頭戴烏紗帽，身穿圓領袍，腰間束帶。
韓服吸收明朝服飾的設計元素。
然後進一步融合韓國自身的美學觀念和社會風俗，成為今日具有鮮明特色的韓服。
啊，原來是這樣。

# 明朝上班族指南

**上班族天天盼放假，**
穿越回明朝也不例
外。

大人，醒醒吧。該去上早朝了。
雞鳴
嗯……天還沒亮，我再睡一下……。
哎，大人，都快五更啦！您要是去晚了，最少也得挨頓板子。
要是趕上太祖爺心情不好，殺頭都可能啊！
迷糊懶散
殺頭?!太祖爺?!這是哪裡？我是誰？
瞬間清醒

瞧您都睡糊塗了。
現在是洪武年間。
洪武年間
您是東閣大學士李大人啊。
洪武？明朝？我穿越了？
快點吧。再不走就真的遲到了。

您還是有休息時間的……。
不是每天都要這麼早起吧?!
絕望
一個月……三天……。
呼……那還好……還好……。
嗄?!這是想逼死誰啊!

就沒有清閒一點的朝代嗎？
您就知足吧！秦朝可是一年連一天假都沒有呢。
宋朝的官員就很清閒。一年就有一百多天假，幾乎一半的時間都在放假！
媽媽，我要去宋朝……。

# 明朝人為什麼鍾愛打屁股？

明朝奇葩多，
奇葩事也多！

明朝可說是中國最流行打屁股的朝代。
打屁股
不僅每一位皇帝都打過大臣的屁股。

還曾經出現嘉靖皇帝這種同時暴打一百三、四十人屁股的「打屁股狂魔」。
嘉靖

為什麼？為什麼？

明朝人鍾愛打屁股，首先要感謝明太祖朱元璋。
朱元璋

他身為一個曾放過牛、要過飯、當過和尚的皇帝，

對於那些總高高在上的士大夫非常痛恨。

所以，他下定決心，要讓這些文化人感受一下……
肉體和靈魂的雙重打擊。
屁股則是人身上物理防禦力最強的隱私部位。毫無疑問，就是最理想的發洩部位。
最強
可令老朱沒有想到的是，明明是一種侮辱，
大臣們後來居然主動……

這是因為被打屁股象徵該大臣直言勸諫。所以，官員們每每「被打屁股」後，經常因此獲得滿朝文武的誇讚。
就這樣，一個願打，一個願挨。
兄弟，撐著點，了不起！
陛下，大力點，別憐惜微臣。

朱元璋
我累了，乾脆拖出去砍了吧。

# 明朝錦衣衛也是大明第一鏟屎官

威風凜凜的錦衣衛居然也是鏟屎官?!

你知道嗎？令所有人聞風喪膽的錦衣衛……
也是「大明第一鏟屎天團」！
明成祖朱棣奪位後，不僅恢復錦衣衛制度，更展開擴大招募。
朱棣

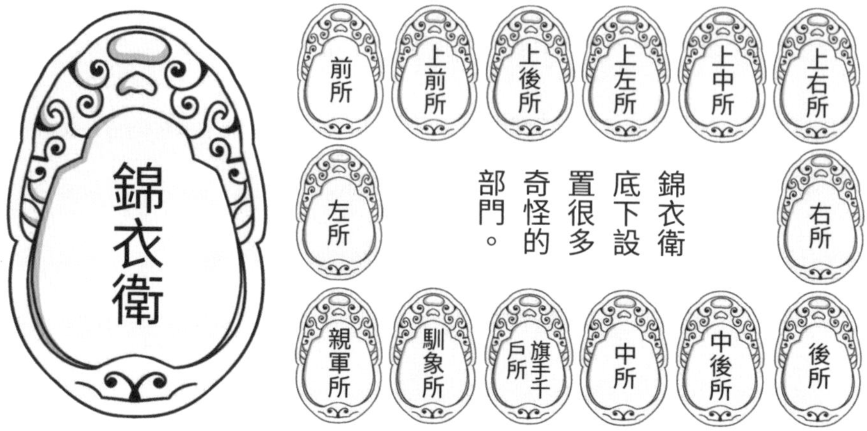


錦衣衛底下設置很多奇怪的部門。

其中有個部門叫做馴象所

顧名思義，這個部門的任務就是負責照顧大象（也包括幫大象鏟屎）。

如果你覺得……
我堂堂錦衣衛，
怎麼能給大象鏟屎?!
那你就大錯特錯了。因為這份工作非常重要。
非常重要！

逢年過節，宮廷都會舉辦重要慶典。這時，錦衣衛會率著大象巡迴遊街。
萬一你和大象不熟，巡遊時牠可能會突然……
發飆了！

所以，想當一名合格的錦衣衛員工……
就要幫大象好好地鏟屎！

除了給大象鏟屎之外，錦衣衛還需要依皇帝的個人需求……
鏟各式各樣的屎。

比如明朝
第一熊皇帝
朱厚照。
朱厚照

他建了一個飼養各種
珍禽異獸的場所。
所以，
錦衣衛每天都要……

幫蟒蛇鏟屎。
幫獅子鏟屎，
幫皇帝的鷹鏟屎，
慶幸世界上沒有真的麒麟，否則還得……

Y
018

# 如果能當一天古代人【漫畫版】

## 穿越傳奇朝代，從古人的日常生活體驗輕鬆活潑的萌歷史！

作　　者｜小怪獸烏拉拉
審　　訂｜吳宜蓉
責任編輯｜鍾宜君
封面設計｜FE 設計
內文排版｜陳姿仔
特約編輯｜周奕君

出　　版｜晴好出版事業有限公司
總 編 輯｜黃文慧
副總編輯｜鍾宜君
編　　輯｜胡雯琳
行銷企畫｜吳孟蓉
地　　址｜10491 台北市中山區中山北路三段 36 巷 10 號 4F
網　　址｜https://www.facebook.com/QinghaoBook
電子信箱｜Qinghaobook@gmail.com
電　　話｜（02）2516-6892　傳　　真｜（02）2516-6891

發　　行｜遠足文化事業股份有限公司（讀書共和國出版集團）
地　　址｜231023 新北市新店區民權路 108-2 號 9 樓
電　　話｜（02）2218-1417　傳　　真｜（02）22218-1142
電子信箱｜service@bookrep.com.tw
郵政帳號｜19504465（戶名：遠足文化事業股份有限公司）
客服電話｜0800-221-029　團體訂購｜（02）22181717 分機 1124
網　　址｜www.bookrep.com.tw
法律顧問｜華洋法律事務所／蘇文生律師
印　　製｜凱林印刷
初版一刷｜2024 年 7 月
定　　價｜420 元
ISBN｜978-626-7396-66-7
EISBN｜978-626-7396-77-3 (EPUB)
EISBN｜978-626-7396-76-6 (PDF)



如果能當一天古代人 ( 漫畫版 ) : 穿越傳奇朝代 , 從古人的日常生活體驗輕鬆活潑的萌歷史 !/ 小怪獸烏拉拉著 .
– 初版 . – 臺北市 : 晴好出版事業有限公司出版 ; 新北市 : 遠足文化事業股份有限公司發行 , 2024.07
240 面 ; 17×23　公分 . – (Y ; 18)
ISBN 978-626-7396-66-7( 平裝 )
1.CST: 中國史 2.CST: 通俗史話 3.CST: 漫畫
610.9　　113004939